Drawing is one of the best types of arts that people have known throughout history,where drawing in humans in general and children in particular develop the skill of creativity and art in addition to the skill of taste and sense. Drawing book and coloring(activity for kids)makes the child have an independent and individual personality,and makes him make the decision in whatever color he wants.

copy the picture
using a gird

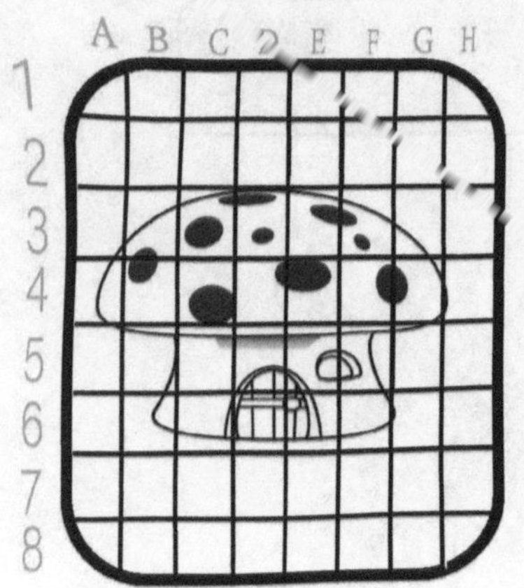

A B C D E F G H

1
2
3
4
5
6
7
8

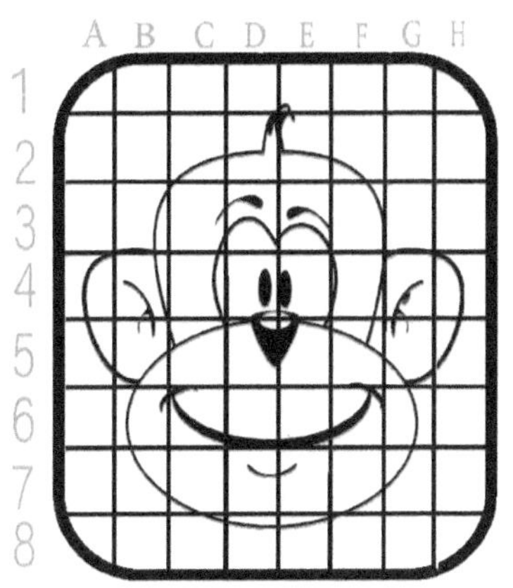

copy the picture
using a gird

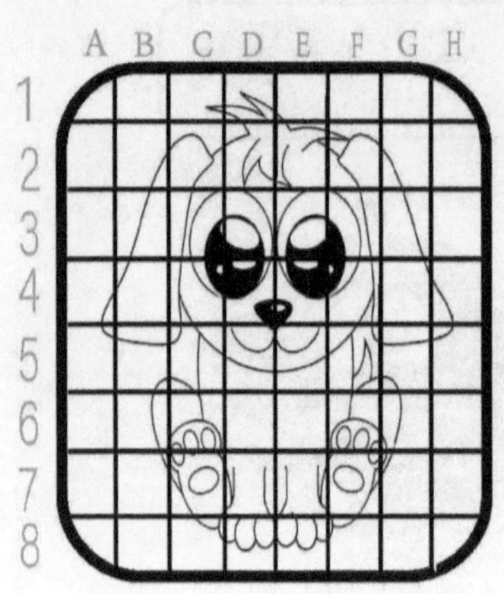

copy the picture
using a gird

copy the picture
using a gird

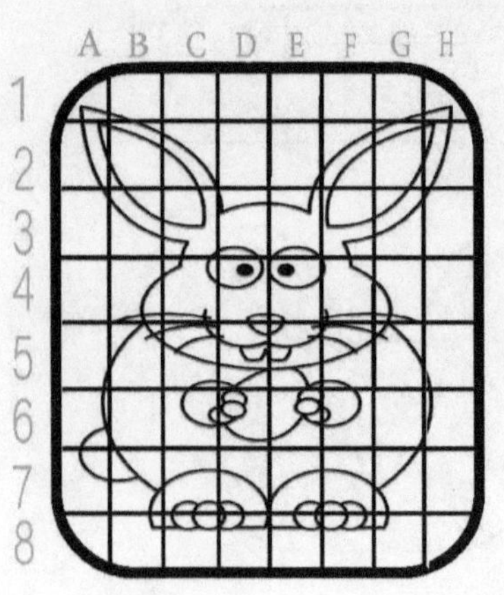

A B C D E F G H

1
2
3
4
5
6
7
8

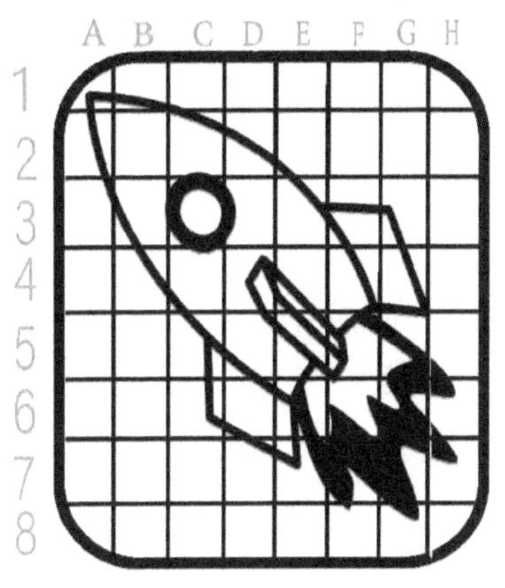

A B C D E F G H

1 2 3 4 5 6 7 8

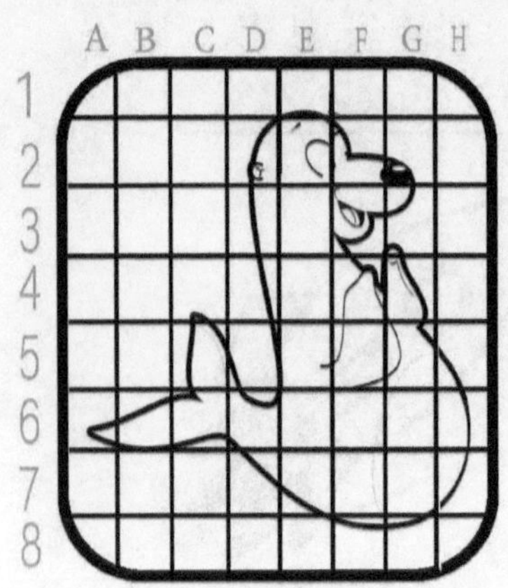

copy the picture
using a gird

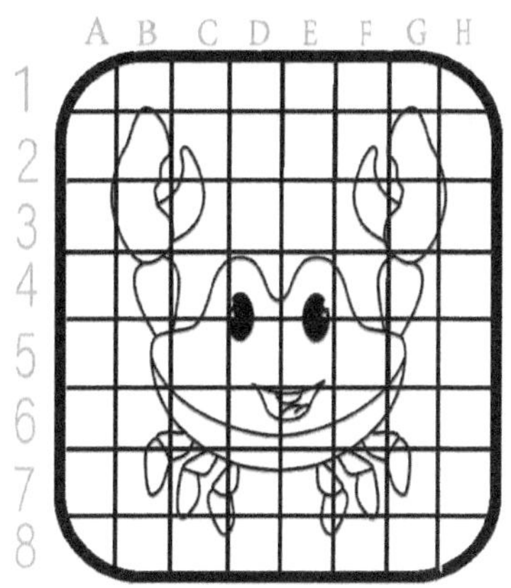

A B C D E F G H

1
2
3
4
5
6
7
8

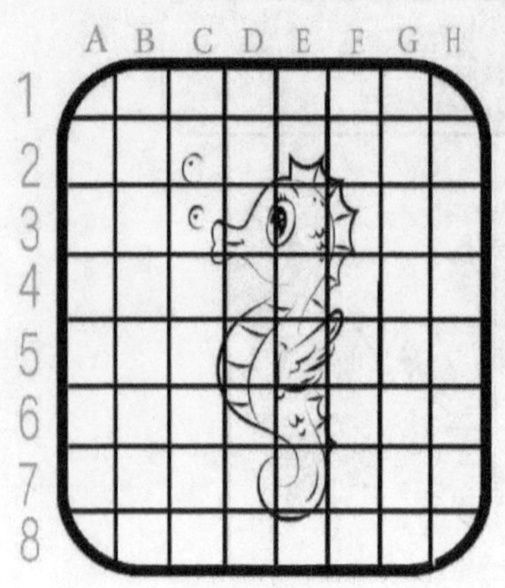

A B C D E F G H

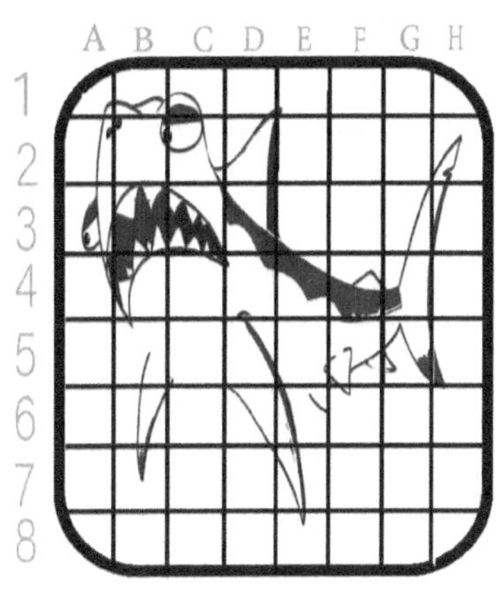

copy the picture
using a gird

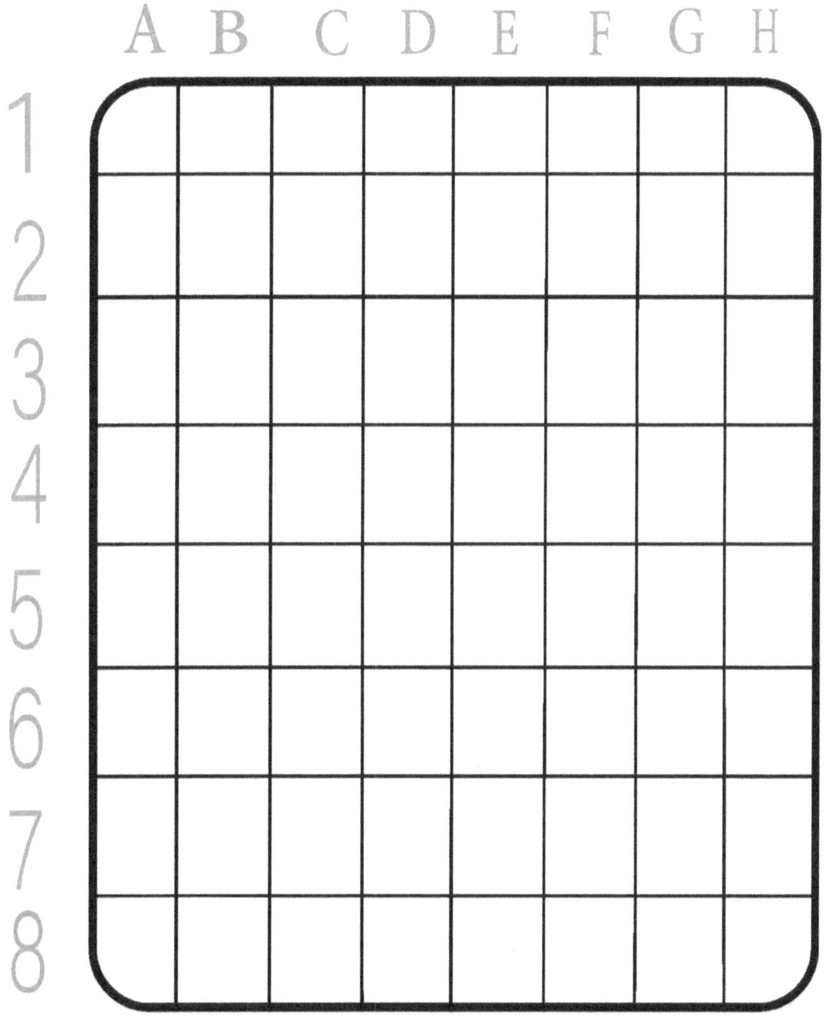

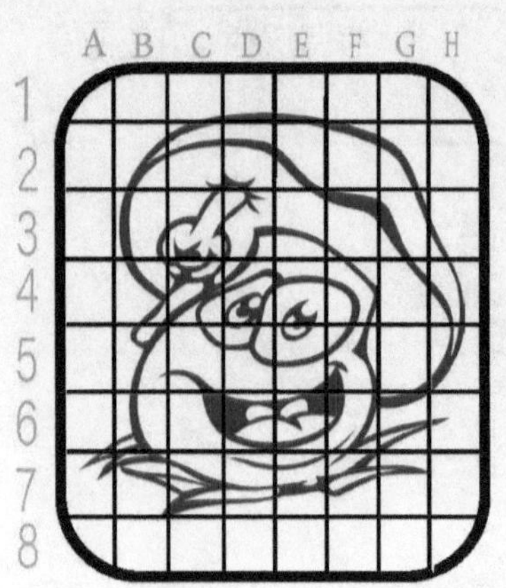

copy the picture
using a gird

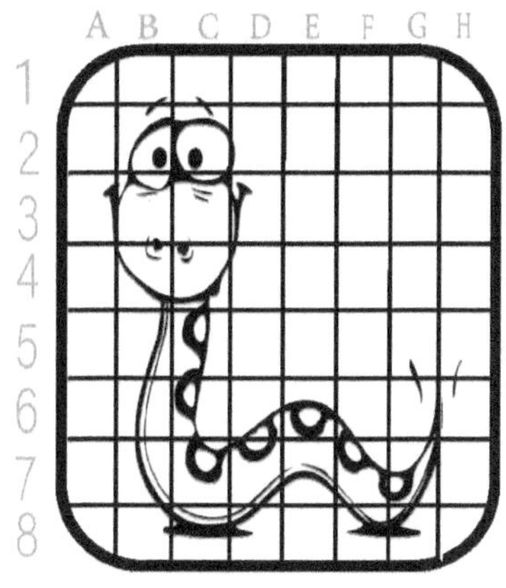

A B C D E F G H

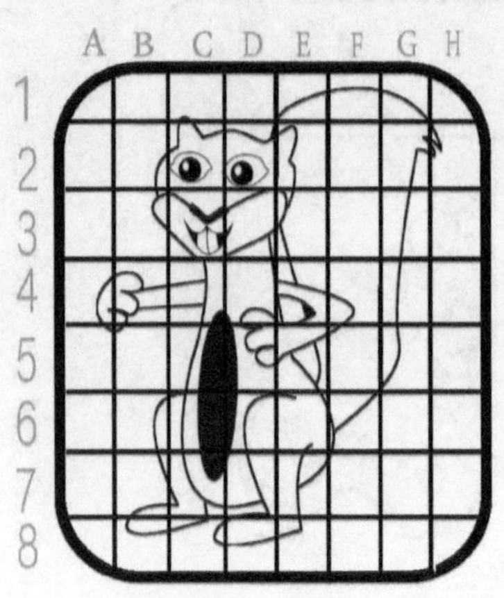

A   B   C   D   E   F   G   H

1
2
3
4
5
6
7
8

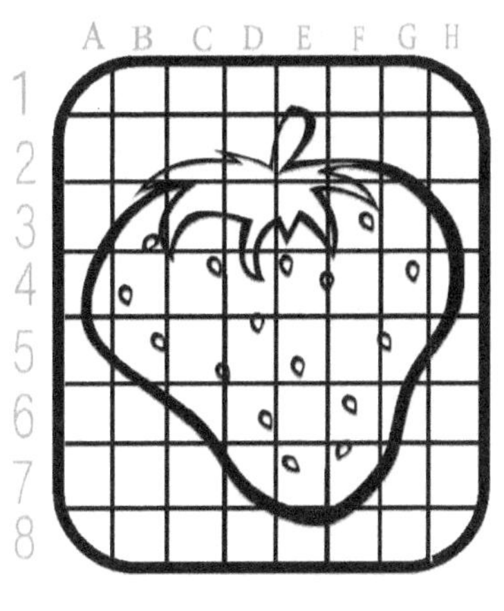

A B C D E F G H

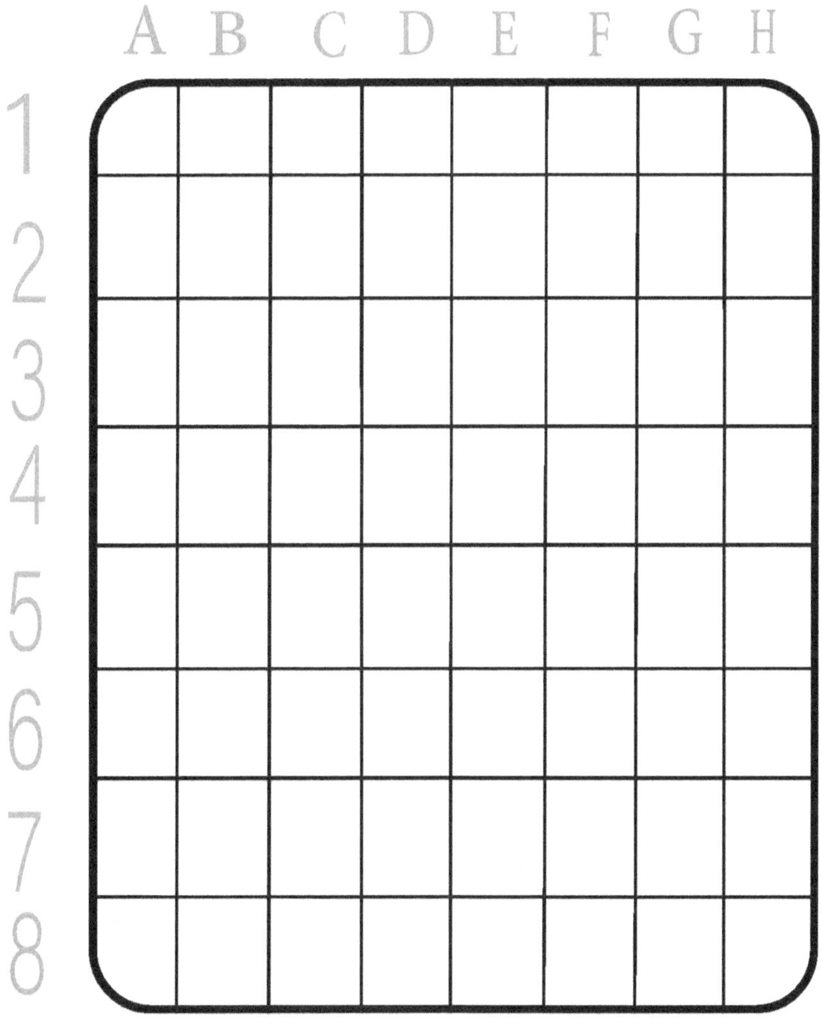

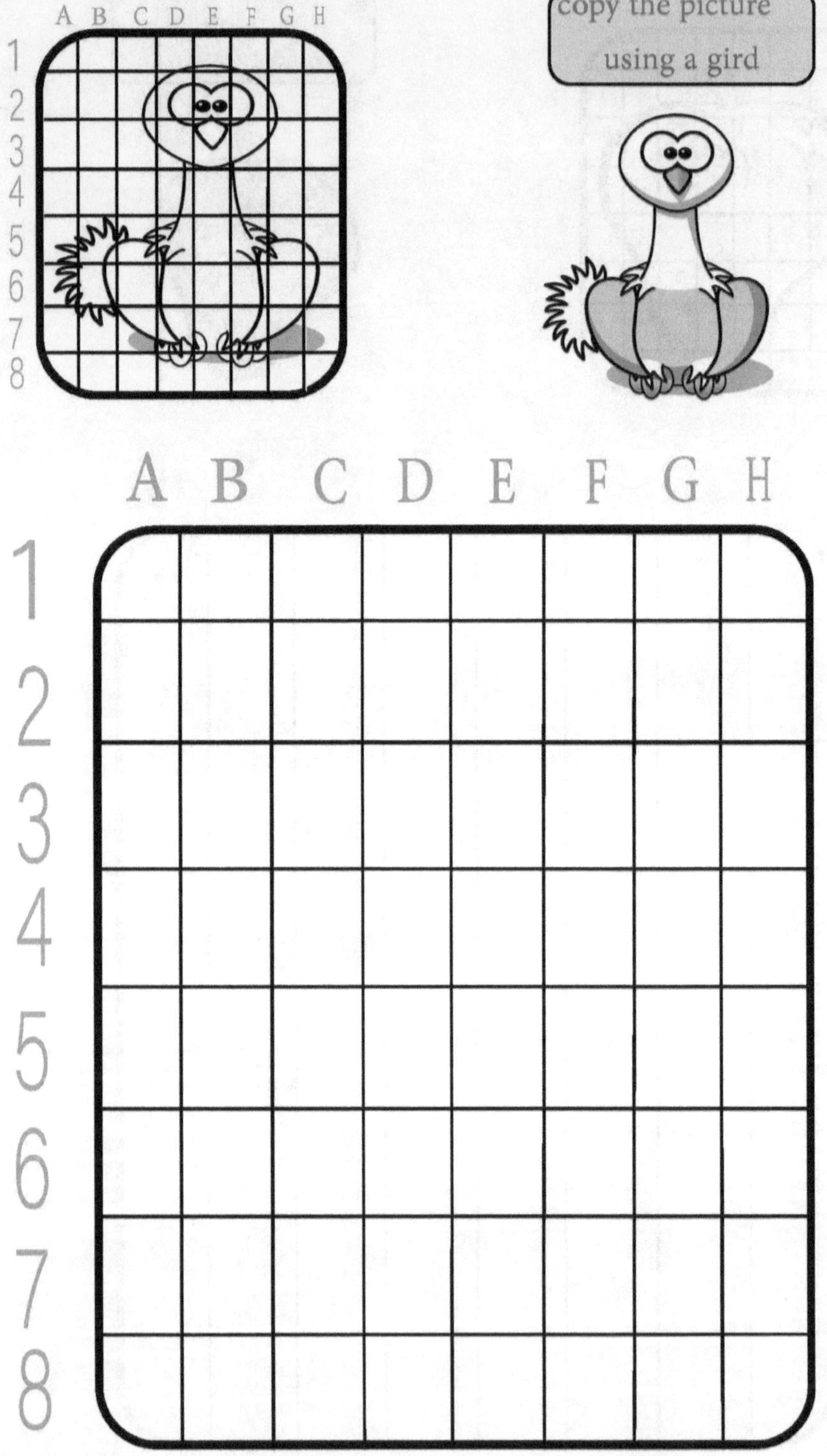

A B C D E F G H
1 2 3 4 5 6 7 8
copy the picture
using a gird
A B C D E F G H
1 2 3 4 5 6 7 8

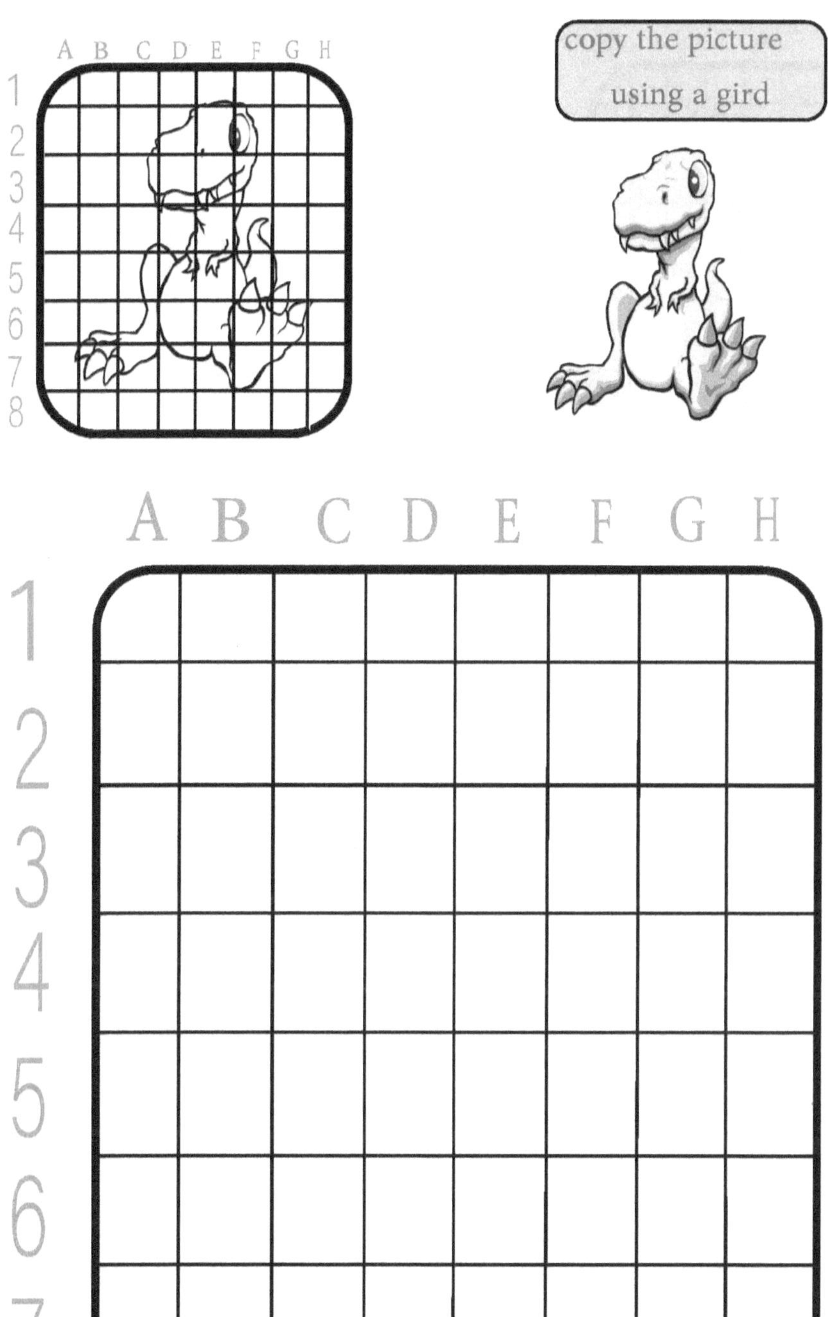

A B C D E F G H
1 2 3 4 5 6 7 8
copy the picture
using a gird
A B C D E F G H
1 2 3 4 5 6 7 8

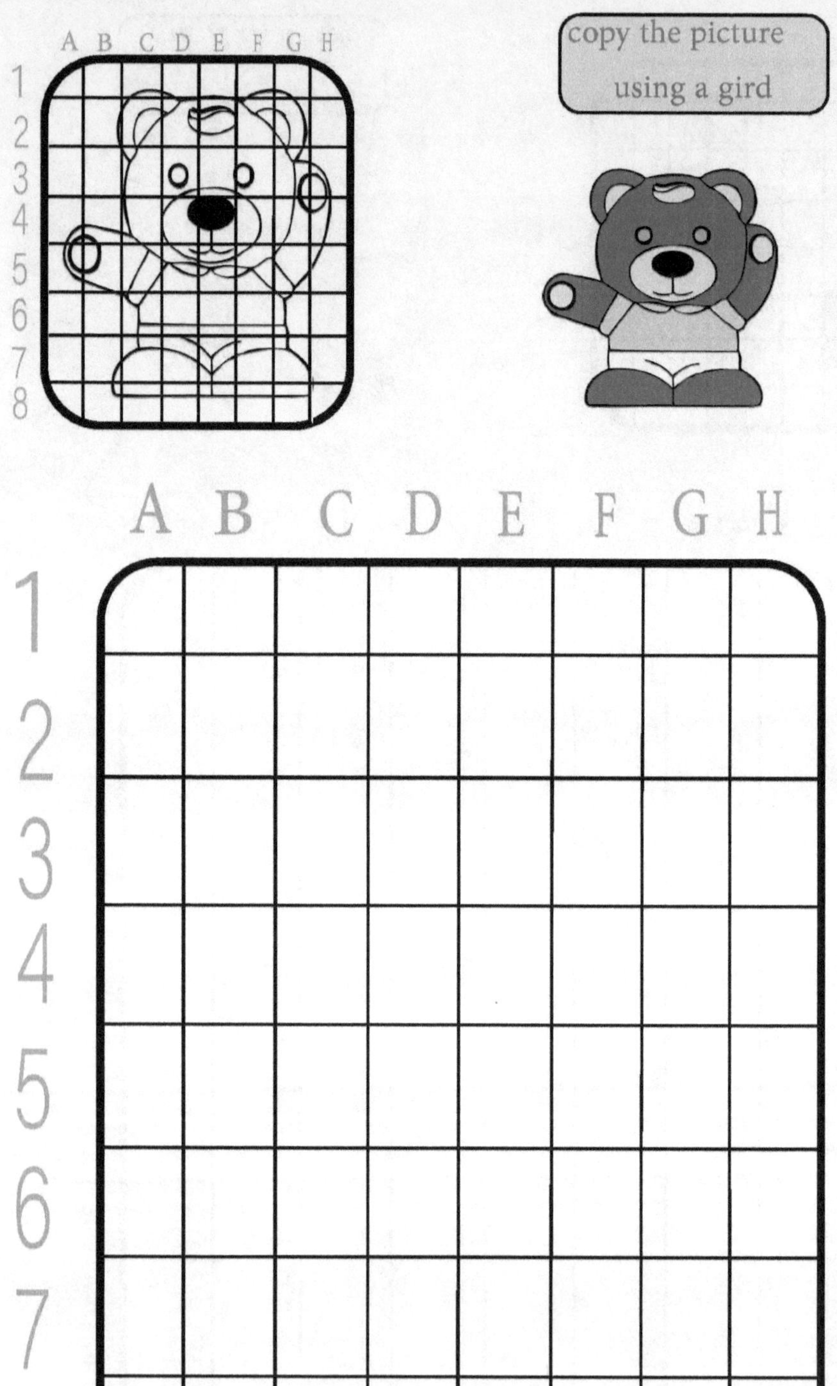

copy the picture
using a gird
A B C D E F G H
1 2 3 4 5 6 7 8
A B C D E F G H
1 2 3 4 5 6 7 8

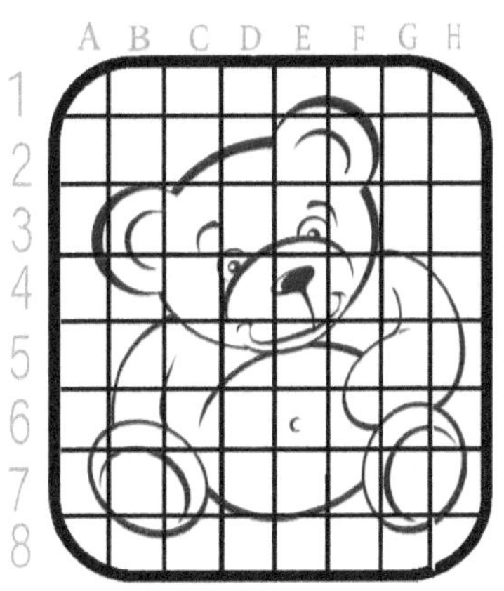

A B C D E F G H

1
2
3
4
5
6
7
8

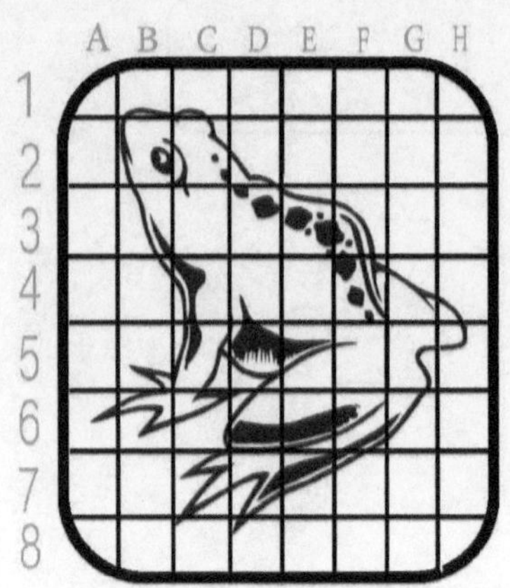

copy the picture
using a gird

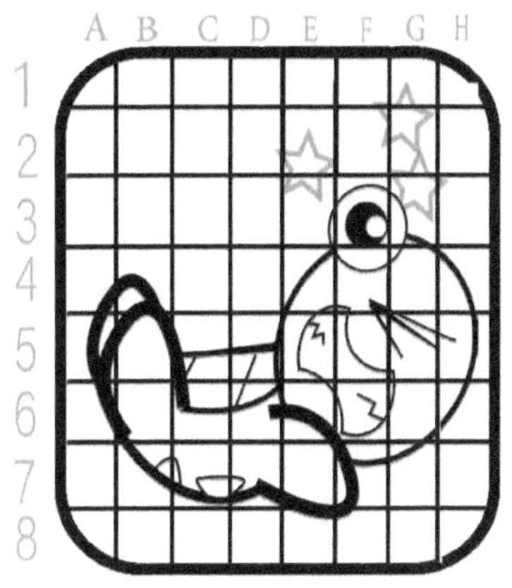

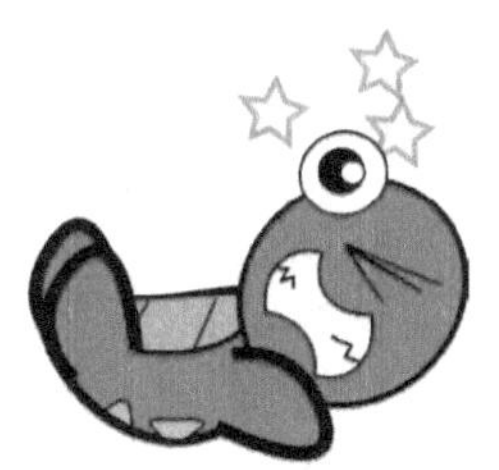

copy the picture using a gird

A B C D E F G H
1 2 3 4 5 6 7 8

A B C D E F G H
1 2 3 4 5 6 7 8

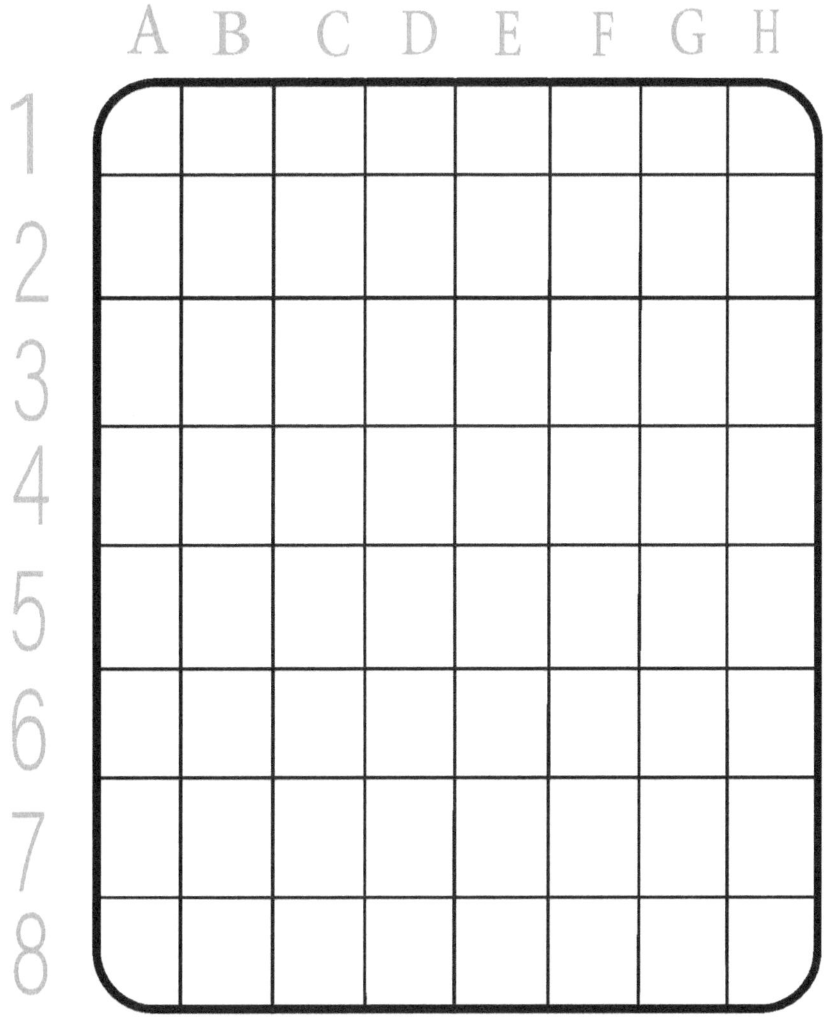

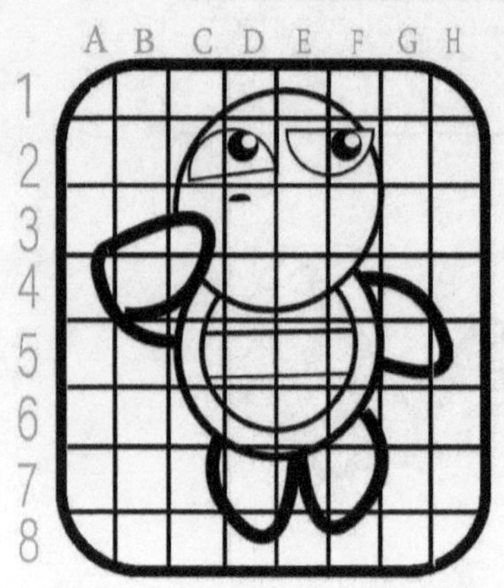

A B C D E F G H

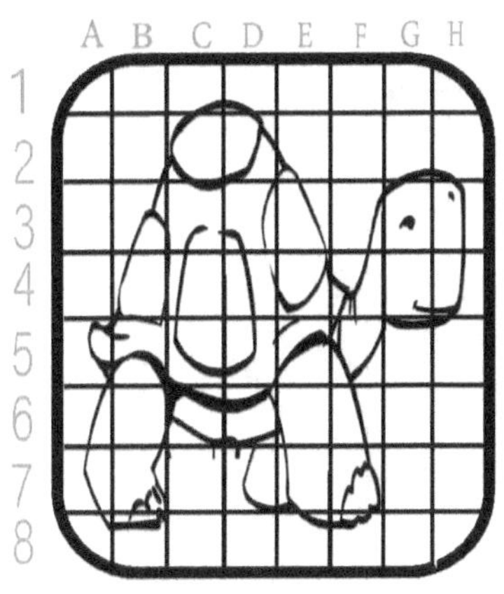

A B C D E F G H

1
2
3
4
5
6
7
8

copy the picture
using a gird

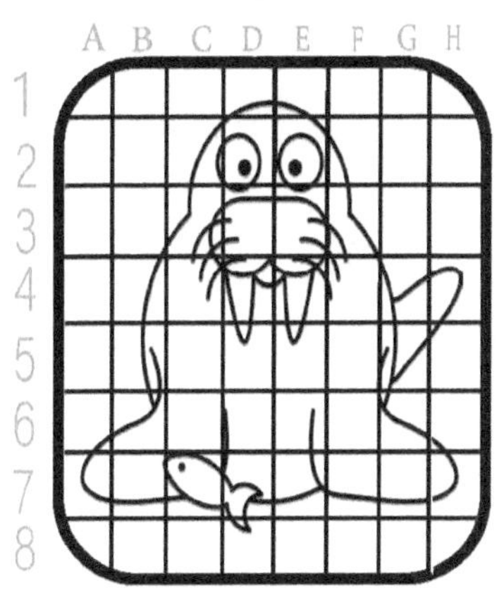

copy the picture
using a gird

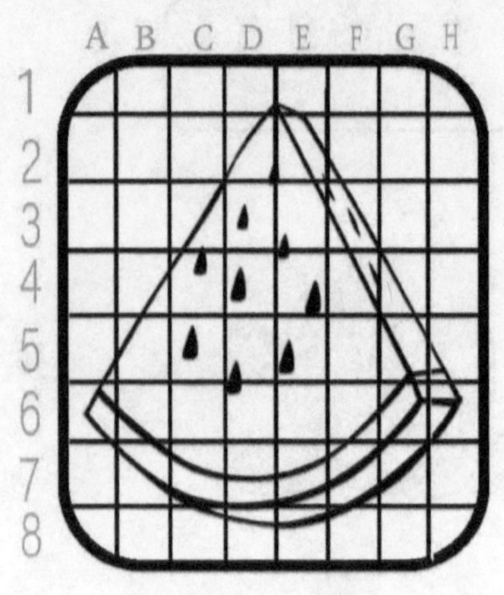

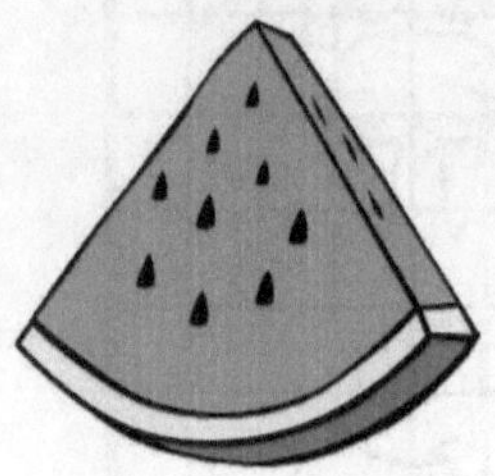

A B C D E F G H

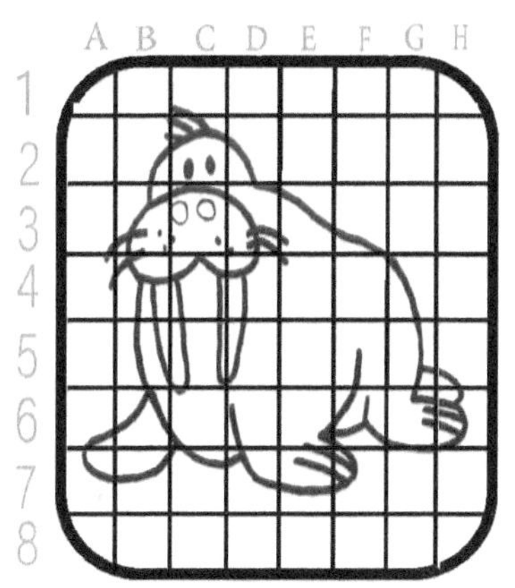

A B C D E F G H

1
2
3
4
5
6
7
8

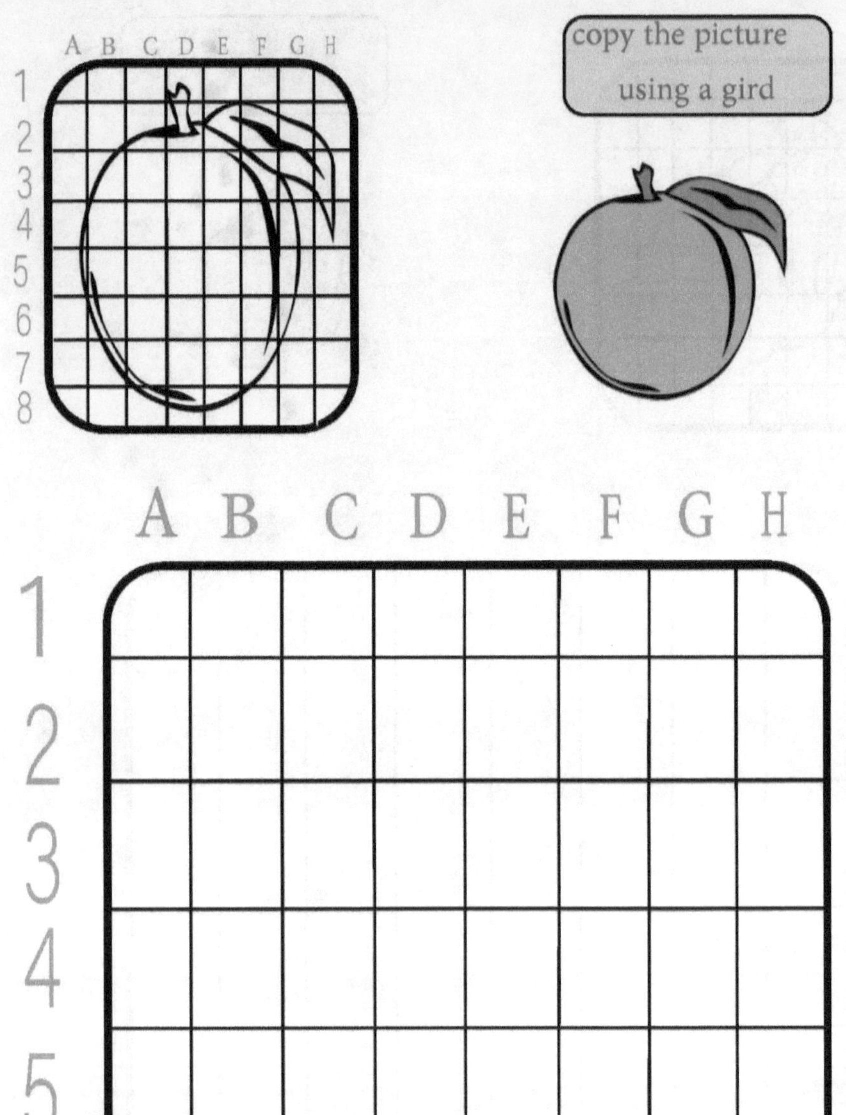

copy the picture
using a gird
A B C D E F G H
1 2 3 4 5 6 7 8
A B C D E F G H
1 2 3 4 5 6 7 8

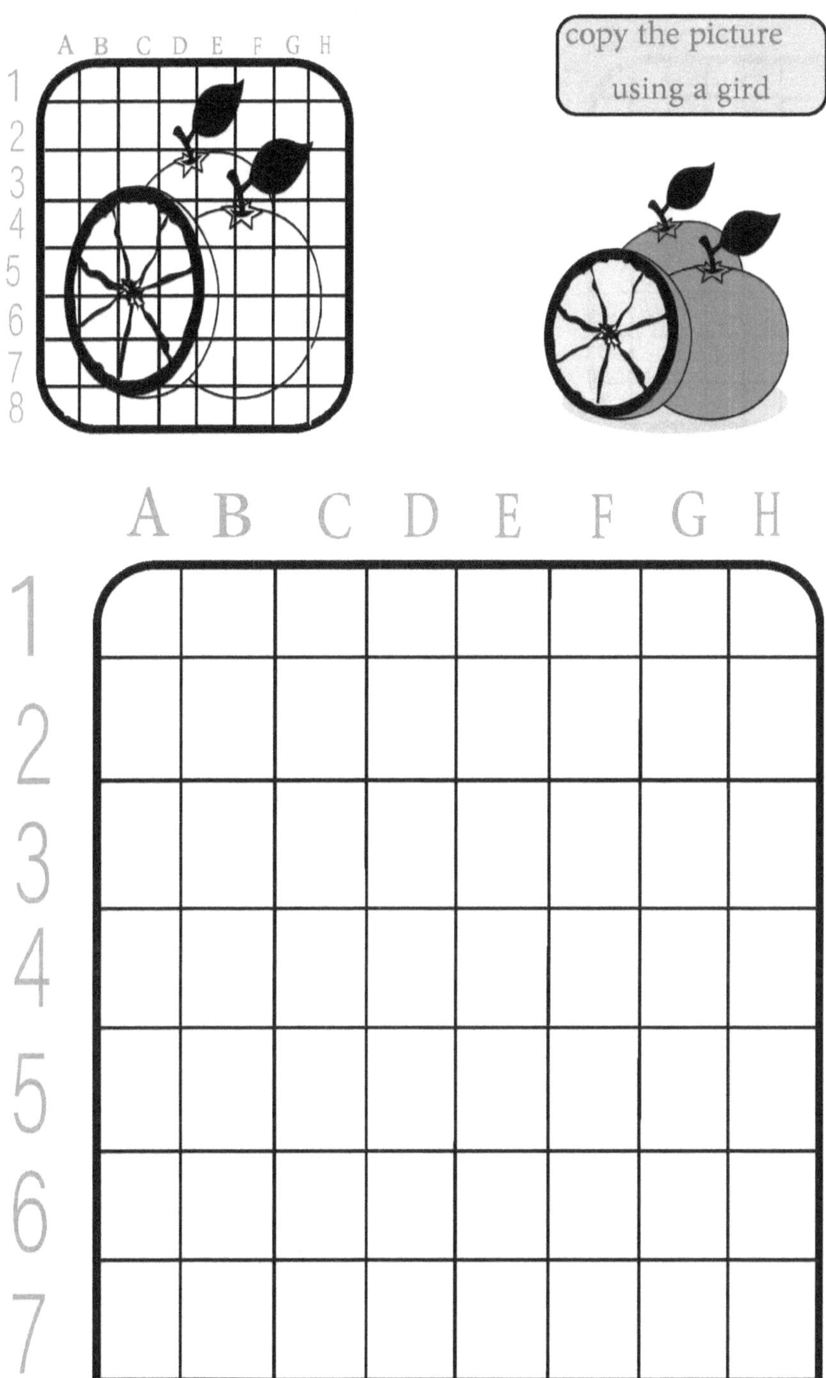

A B C D E F G H

1
2
3
4
5
6
7
8

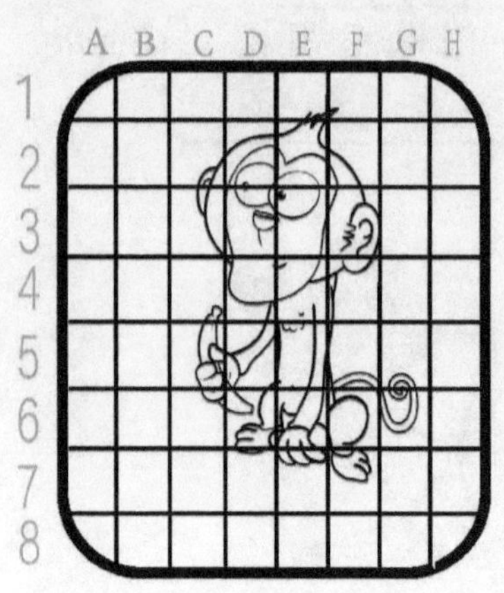

A B C D E F G H

1
2
3
4
5
6
7
8

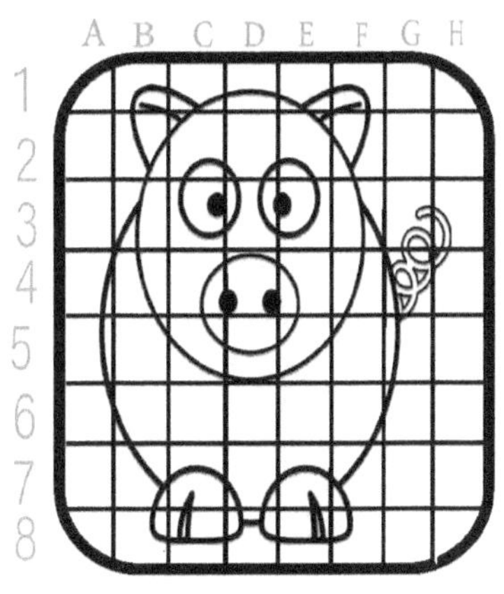

A B C D E F G H
1
2
3
4
5
6
7
8

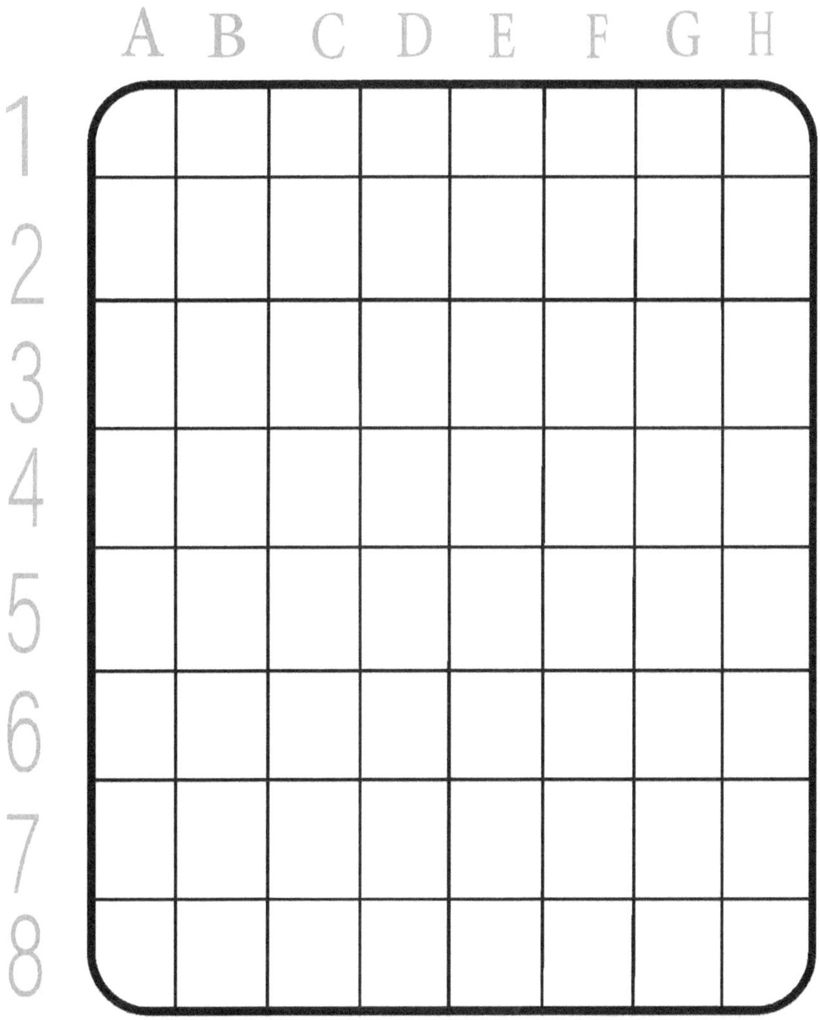

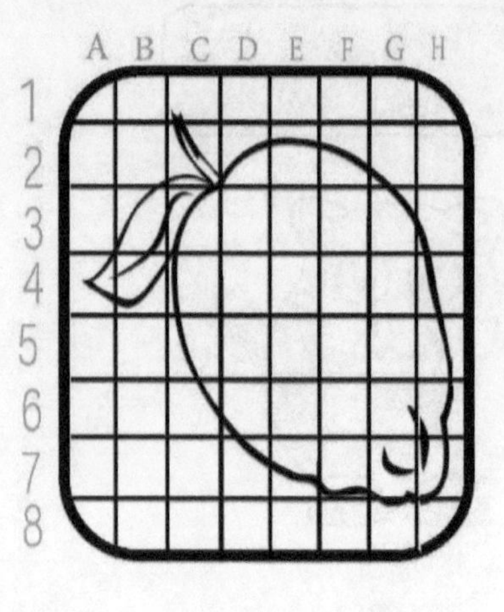

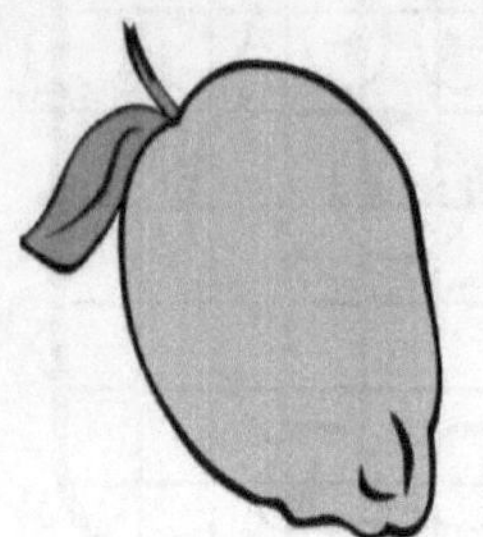

A B C D E F G H

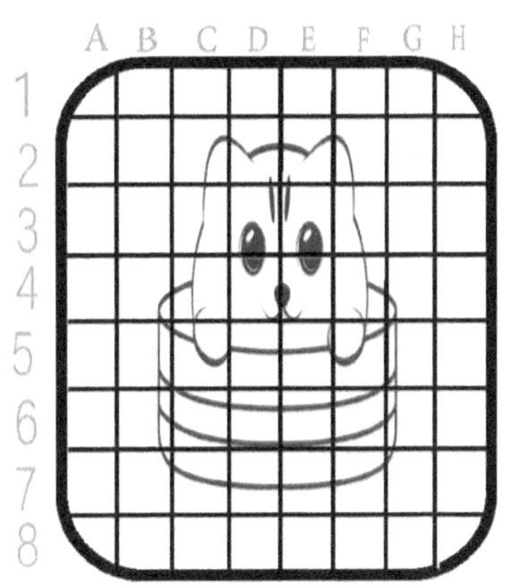

A B C D E F G H

1
2
3
4
5
6
7
8

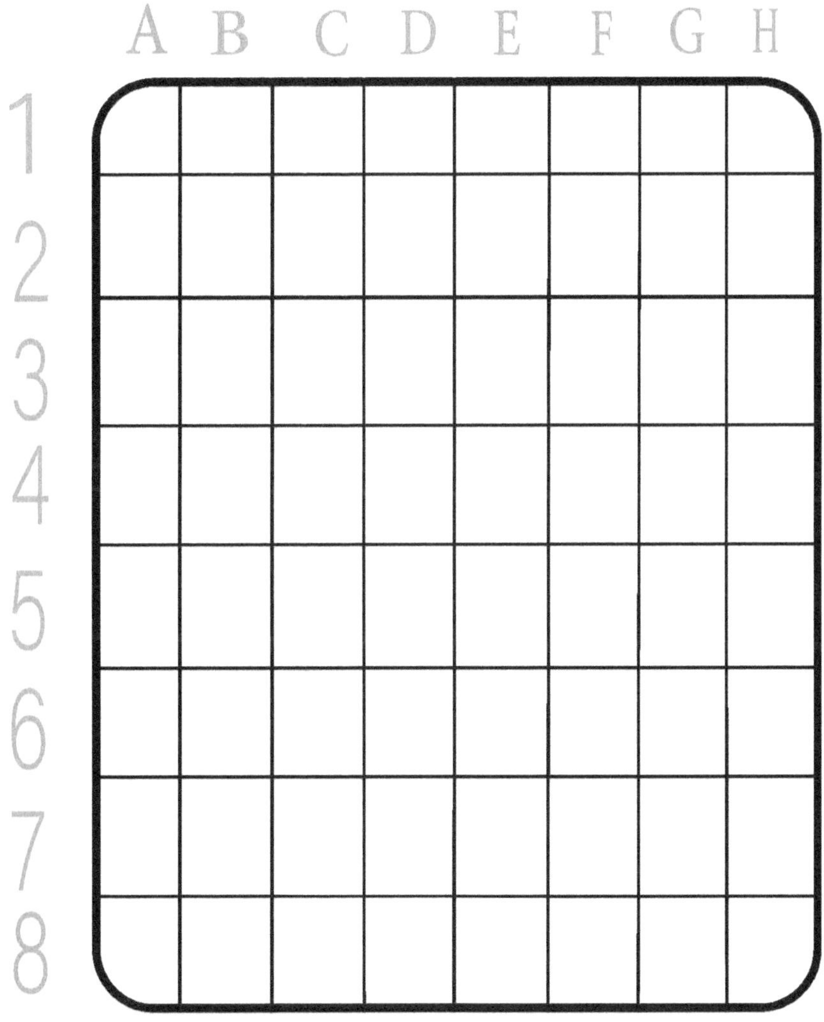

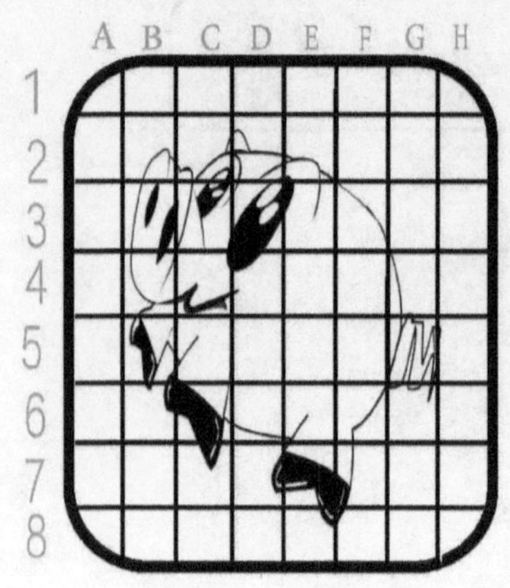

copy the picture
using a gird

A B C D E F G H

1
2
3
4
5
6
7
8

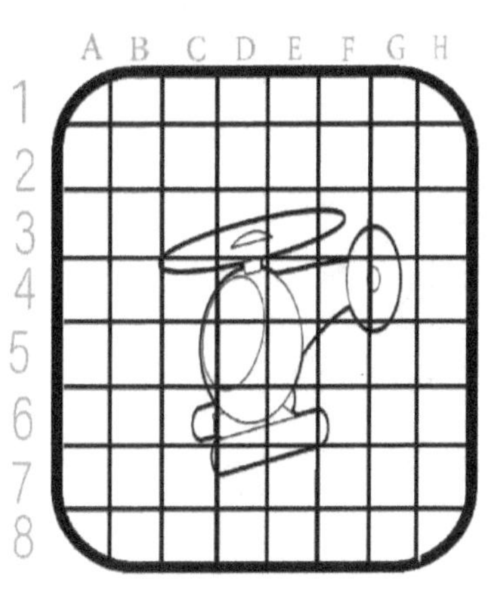

copy the picture
using a gird

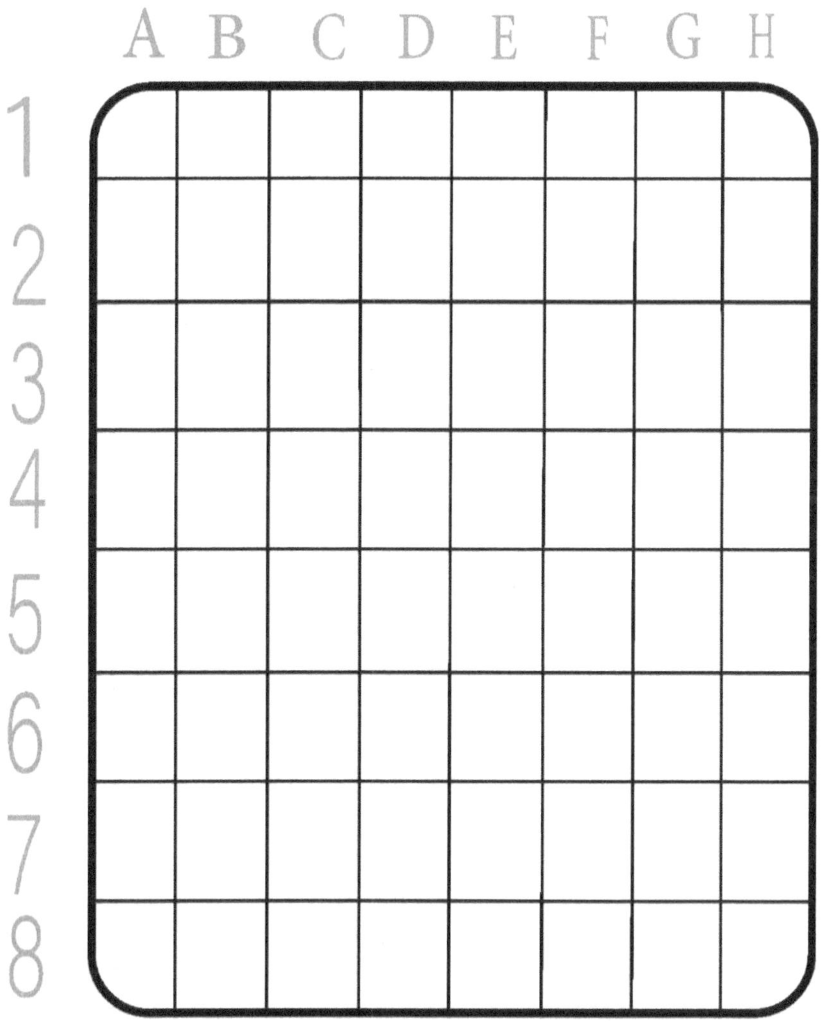

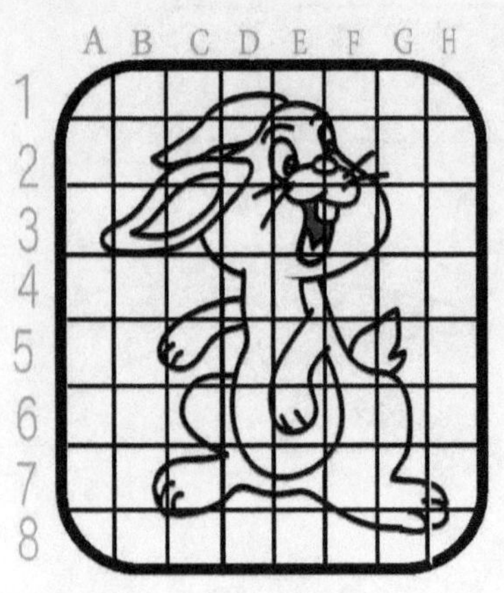

A B C D E F G H

1
2
3
4
5
6
7
8

A B C D E F G H

1
2
3
4
5
6
7
8

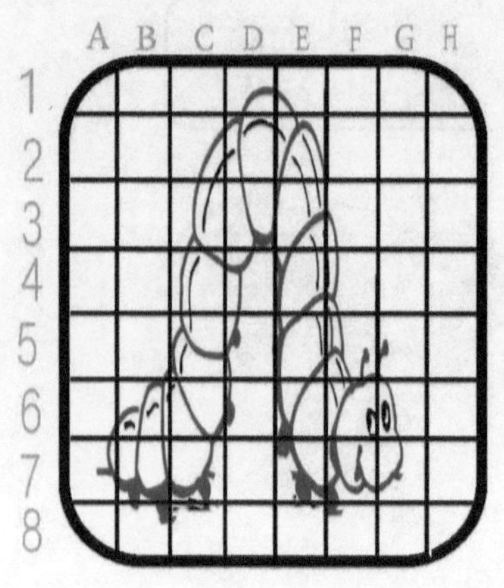

copy the picture
using a gird

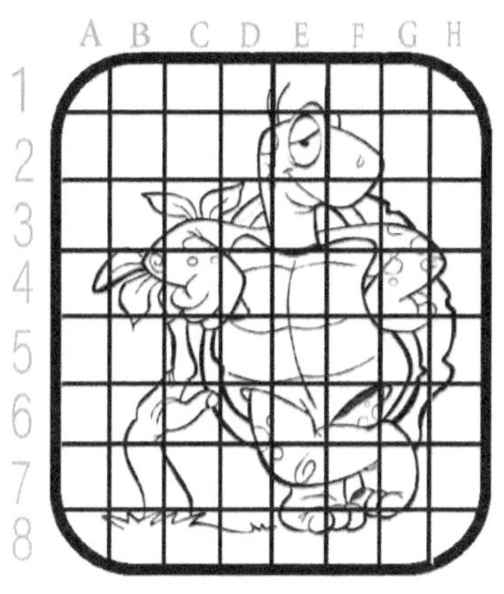

copy the picture
using a gird

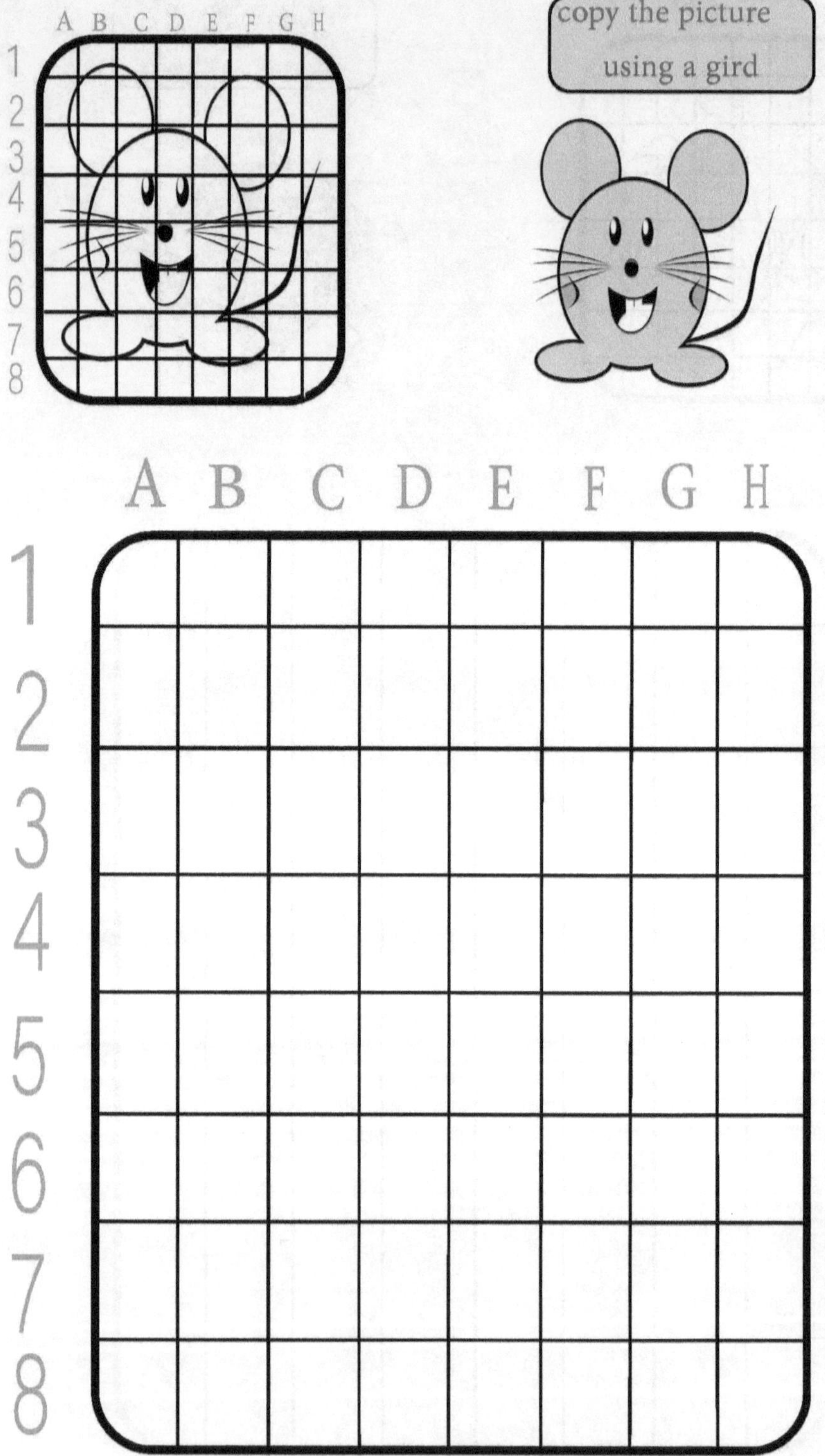

copy the picture
using a gird

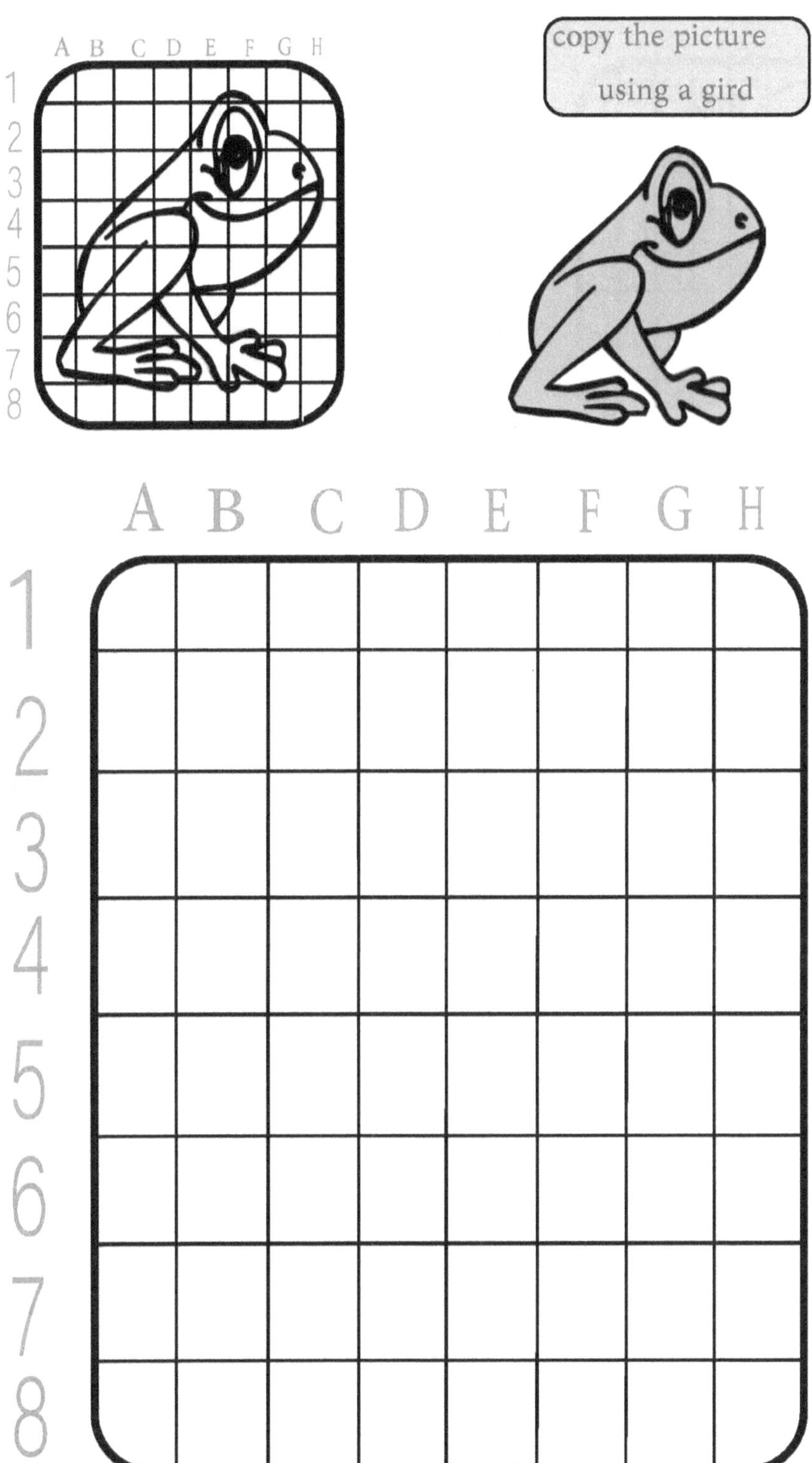

copy the picture
using a gird
A B C D E F G H
1 2 3 4 5 6 7 8
A B C D E F G H
1 2 3 4 5 6 7 8

A B C D E F G H

1
2
3
4
5
6
7
8

copy the picture
using a gird

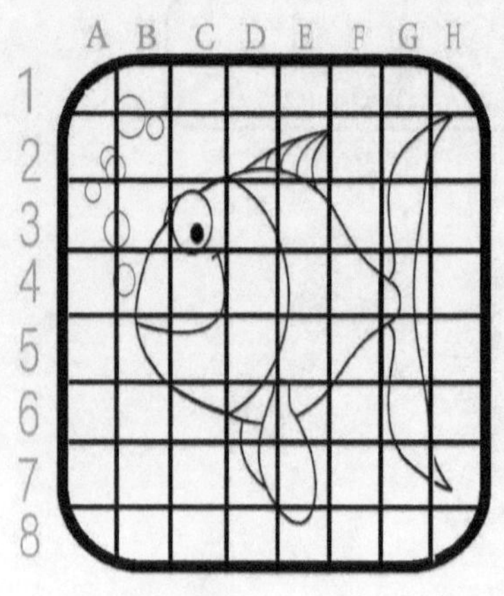

copy the picture
using a gird

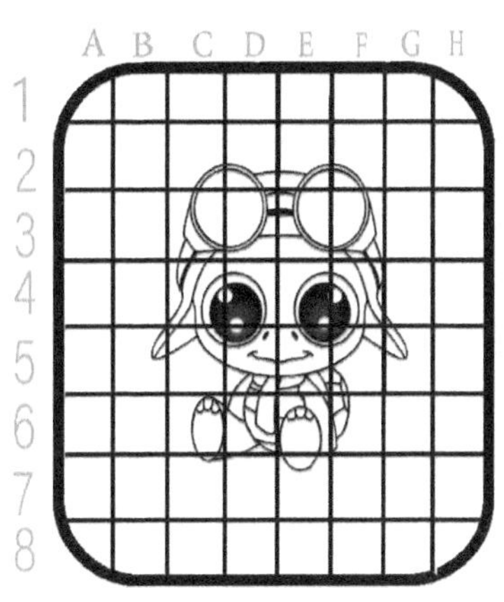

A B C D E F G H

1 2 3 4 5 6 7 8

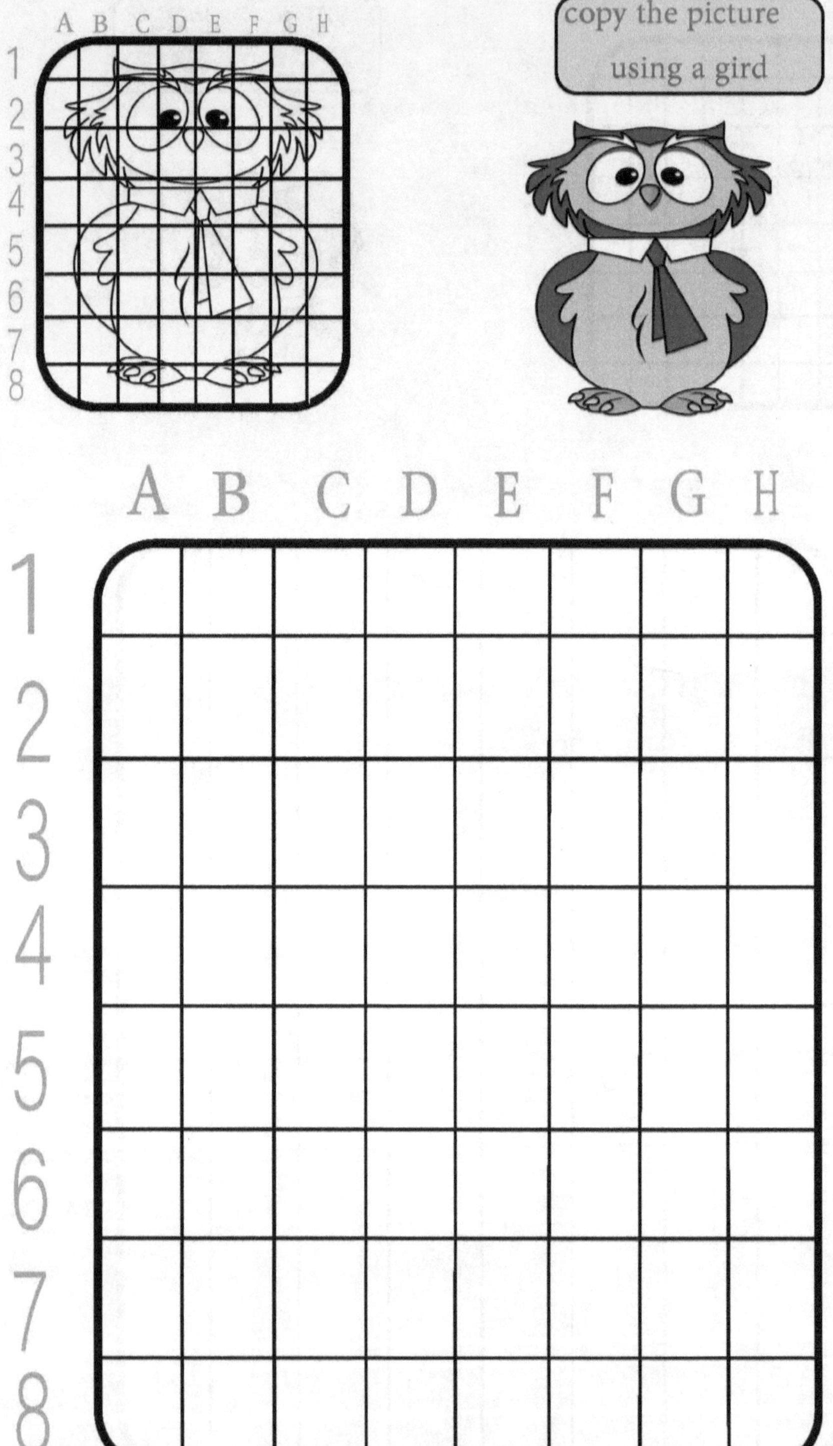

copy the picture
using a gird
A B C D E F G H
A B C D E F G H

A B C D E F G H
1 2 3 4 5 6 7 8
copy the picture
using a gird
A B C D E F G H
1 2 3 4 5 6 7 8

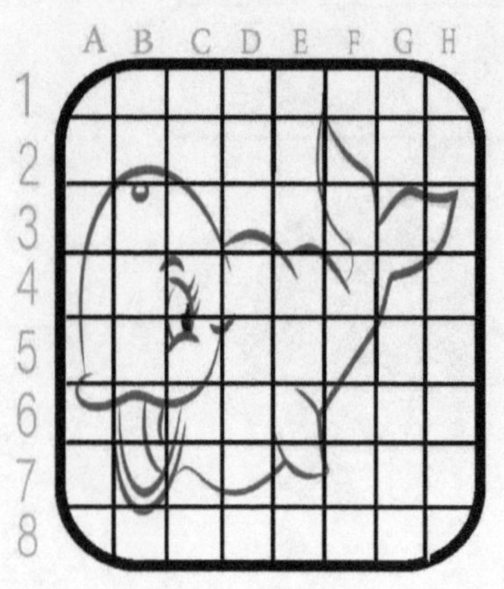

A B C D E F G H

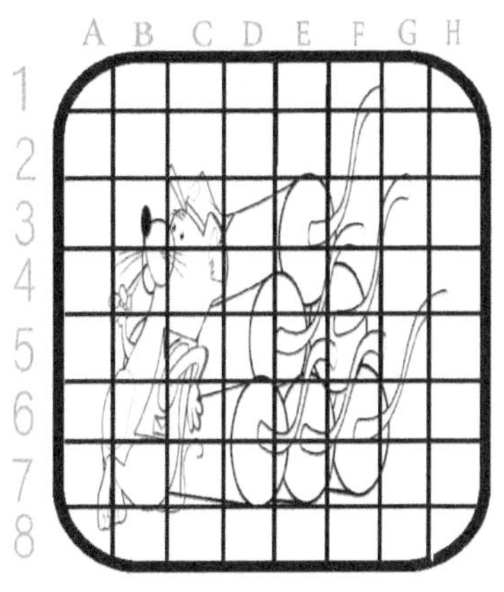

A B C D E F G H

1 2 3 4 5 6 7 8

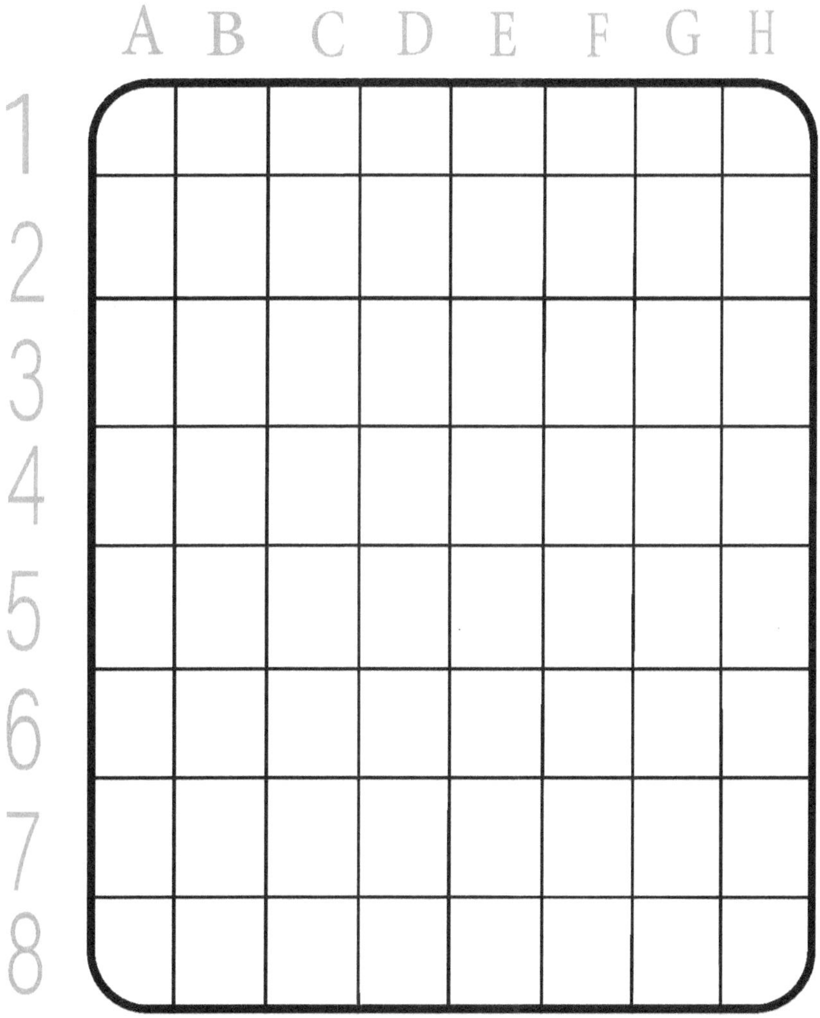

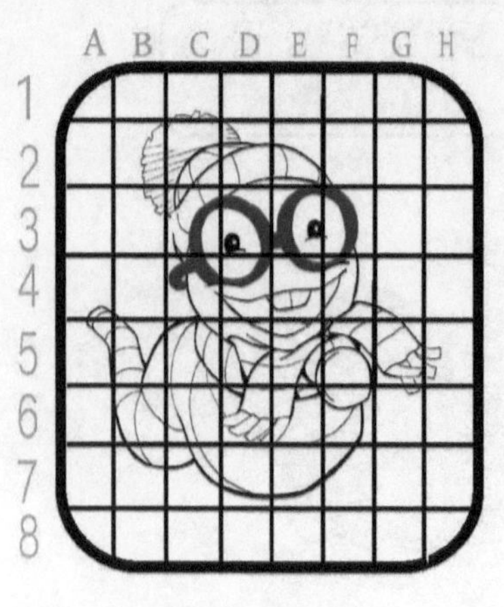

A B C D E F G H

copy the picture
using a gird

A B C D E F G H

1
2
3
4
5
6
7
8

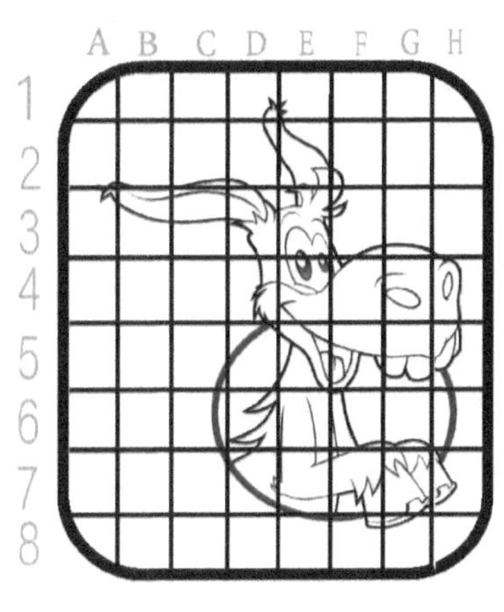

copy the picture
using a gird

A B C D E F G H
1 2 3 4 5 6 7 8
copy the picture
using a gird
A B C D E F G H
1 2 3 4 5 6 7 8

copy the picture
using a gird

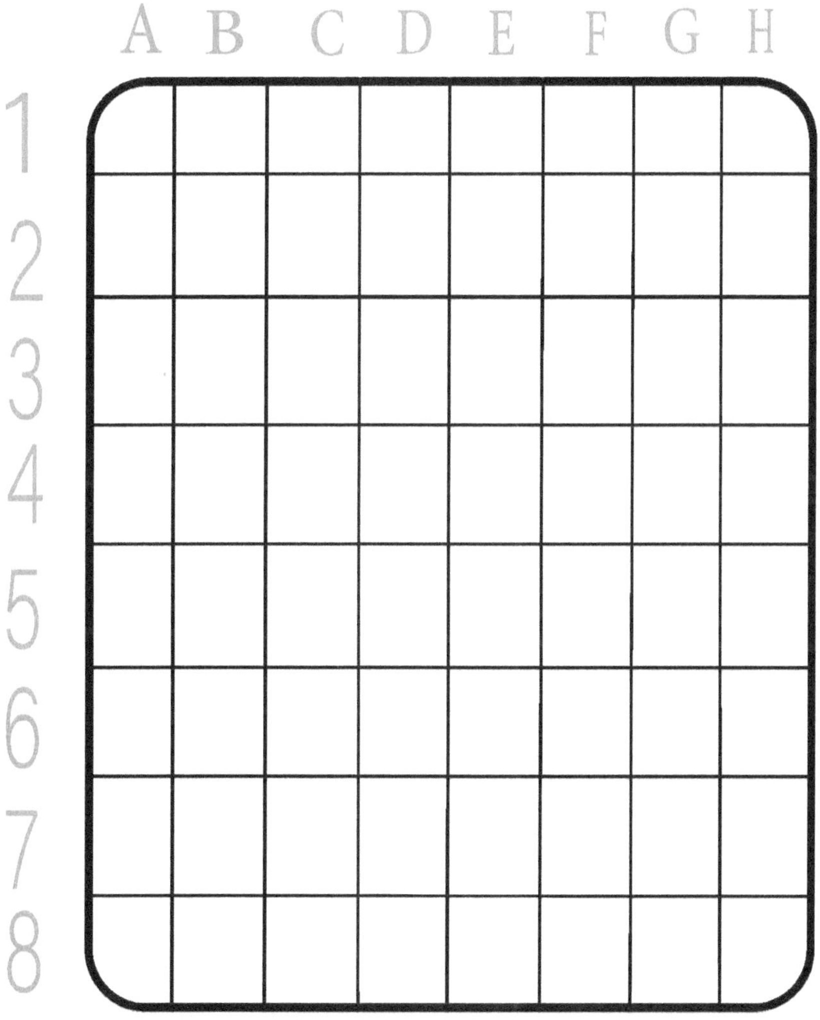

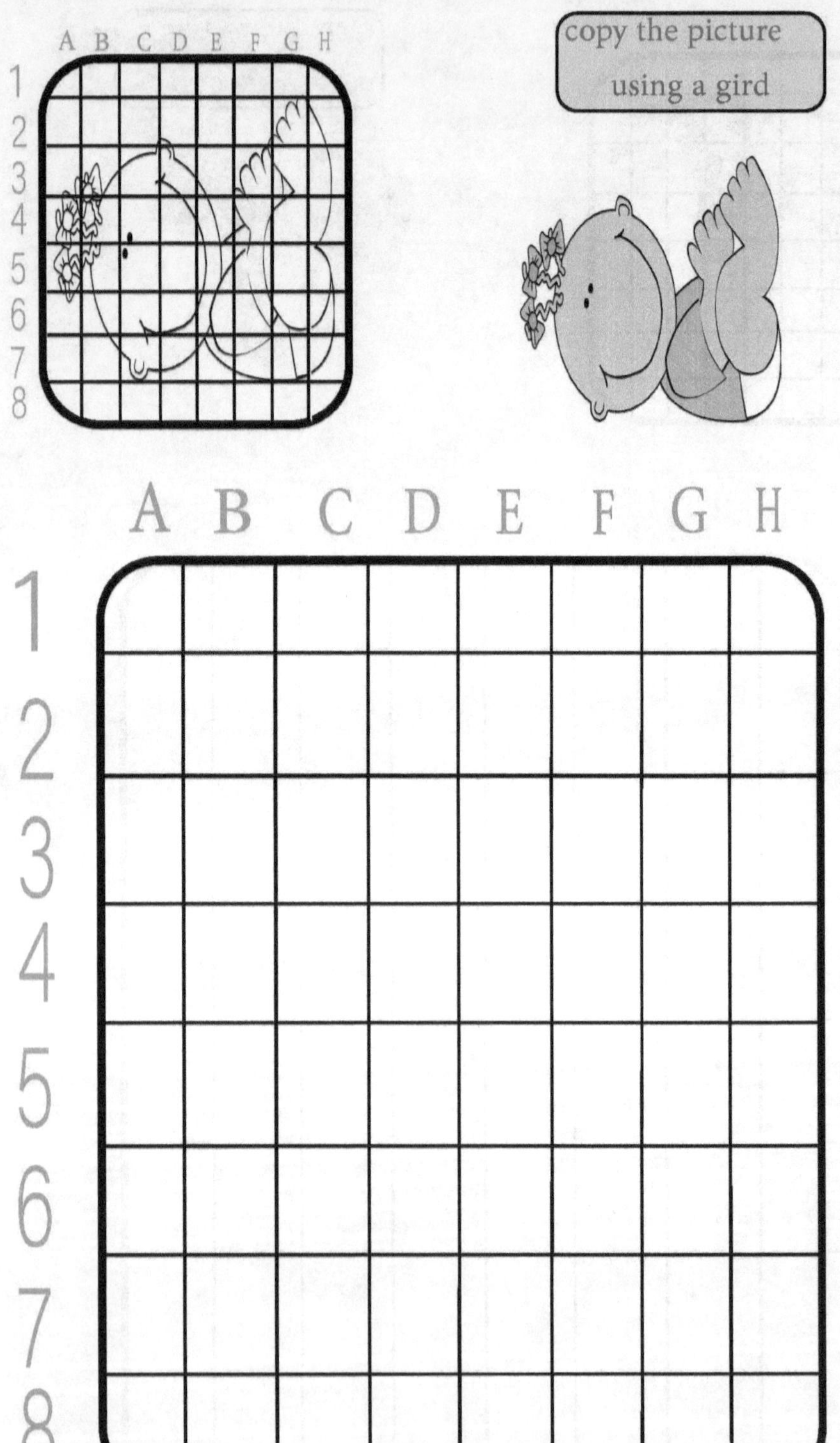

copy the picture
using a gird
A B C D E F G H
1 2 3 4 5 6 7 8
A B C D E F G H
1 2 3 4 5 6 7 8

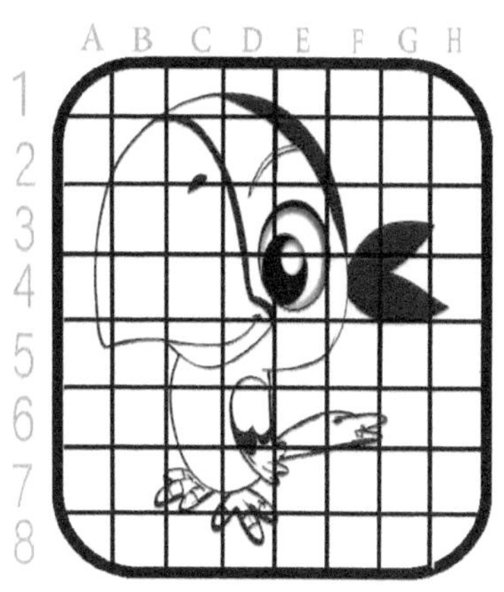

copy the picture
using a gird

copy the picture
using a gird
A B C D E F G H
1 2 3 4 5 6 7 8
A B C D E F G H
1 2 3 4 5 6 7 8

copy the picture
using a gird

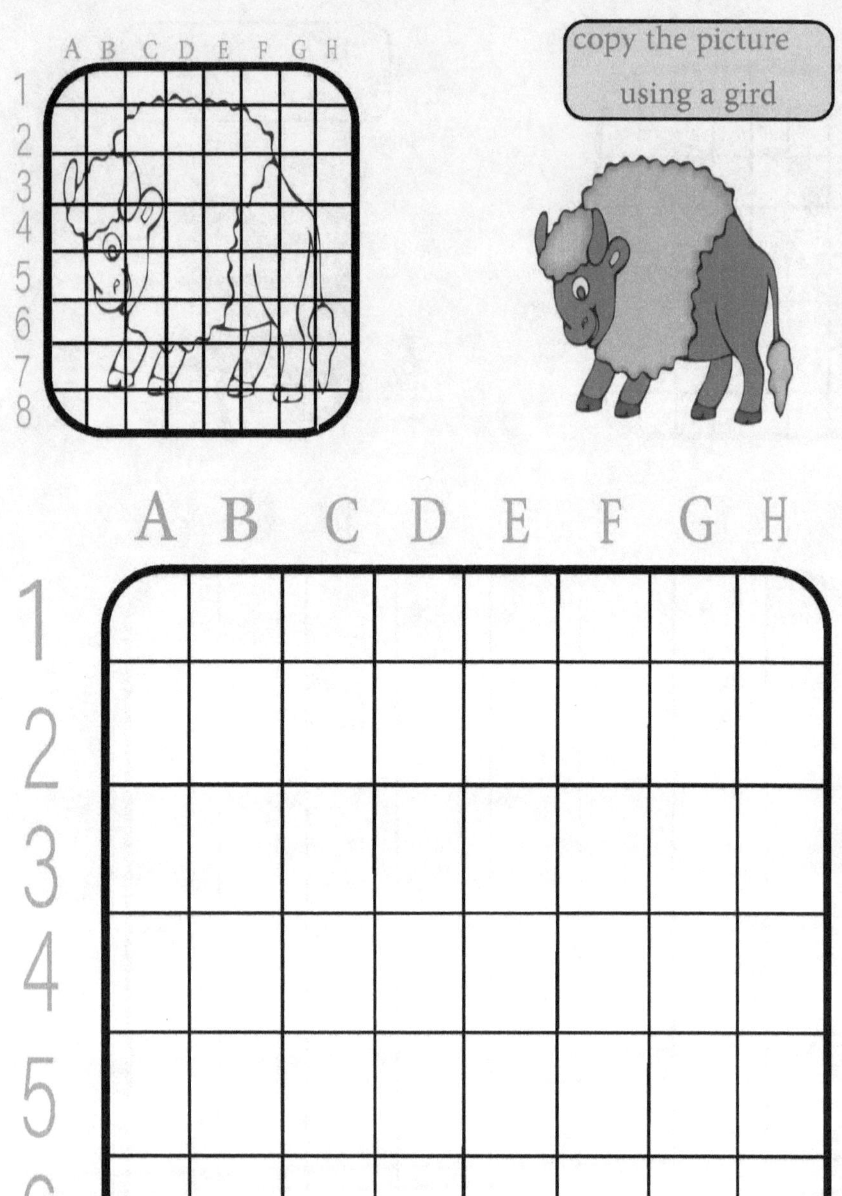

copy the picture
using a gird

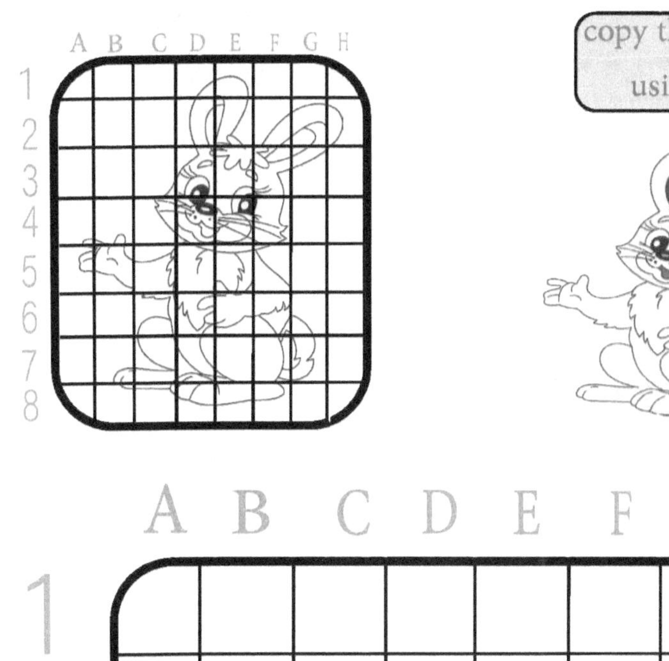
copy the picture
using a gird

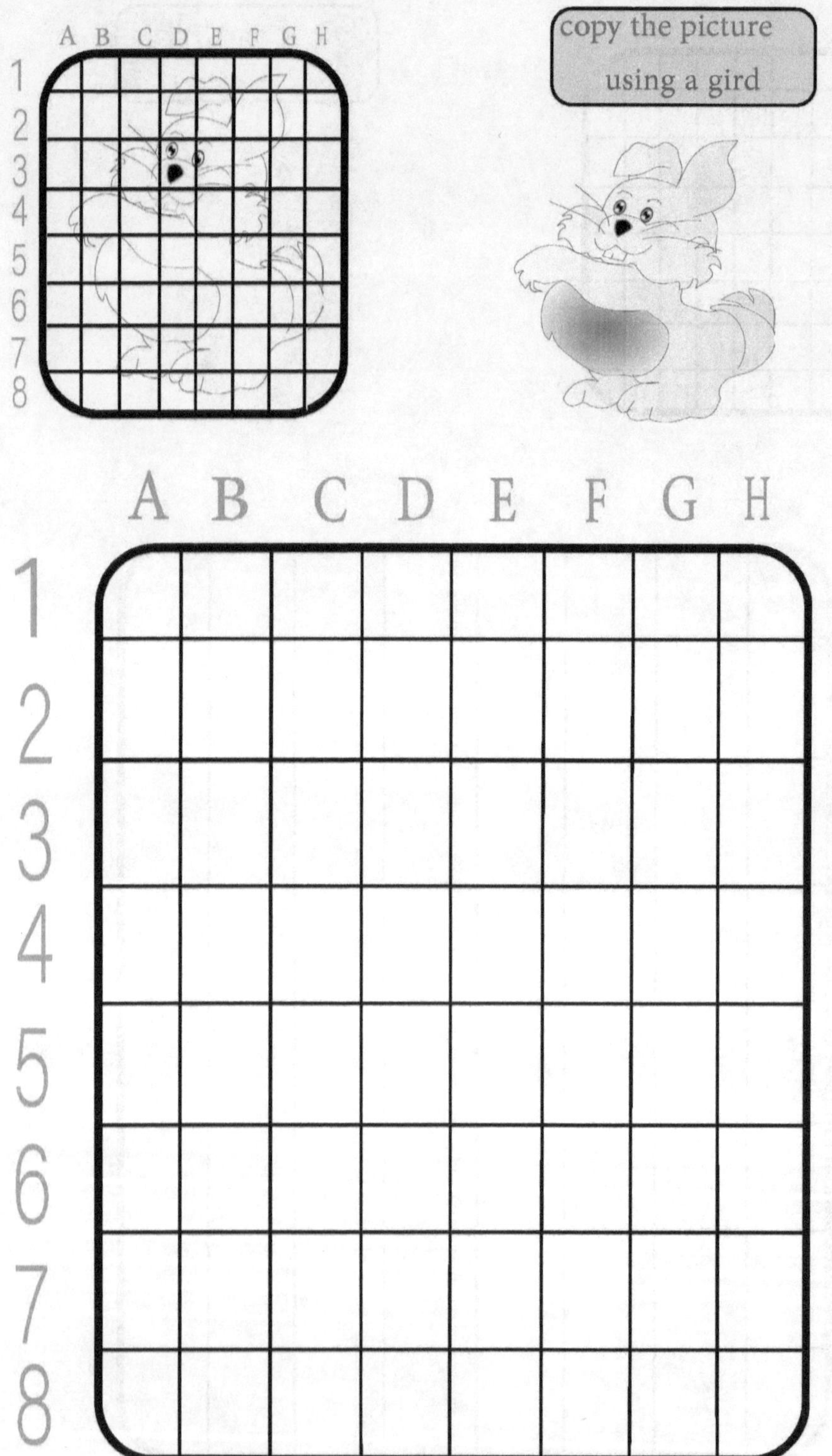

copy the picture
using a gird

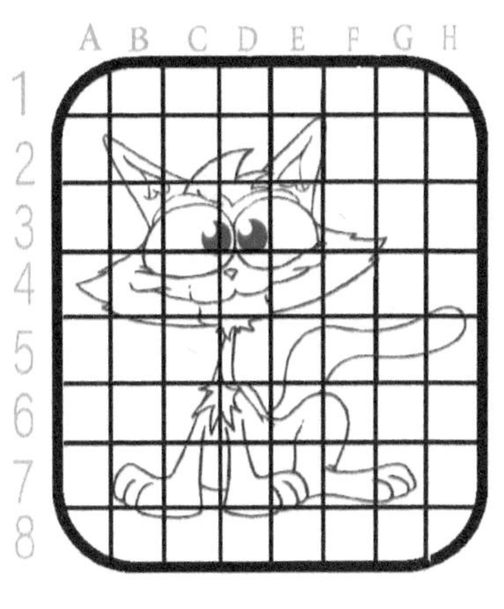

A B C D E F G H

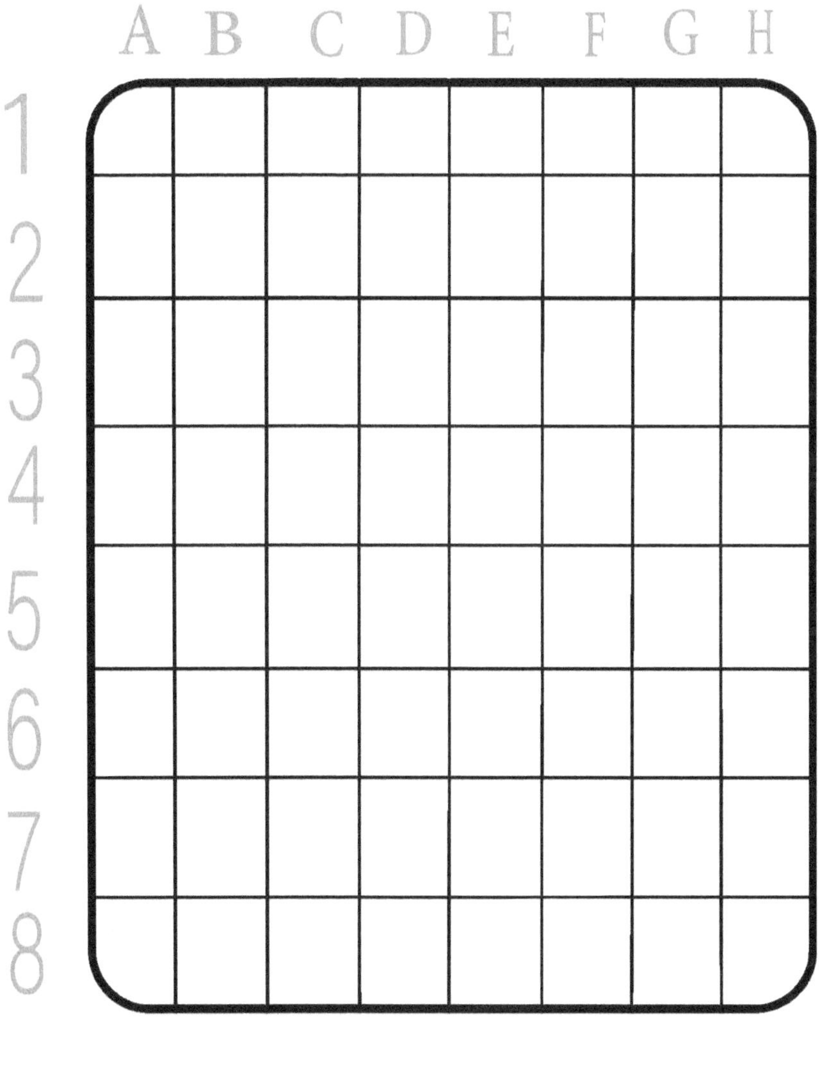

A B C D E F G H

copy the picture
using a gird

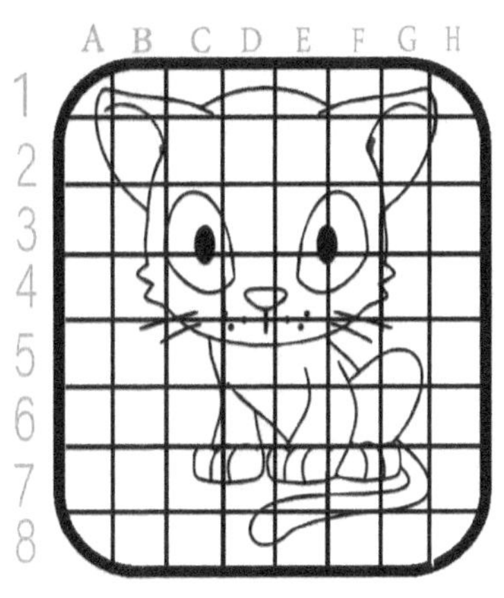

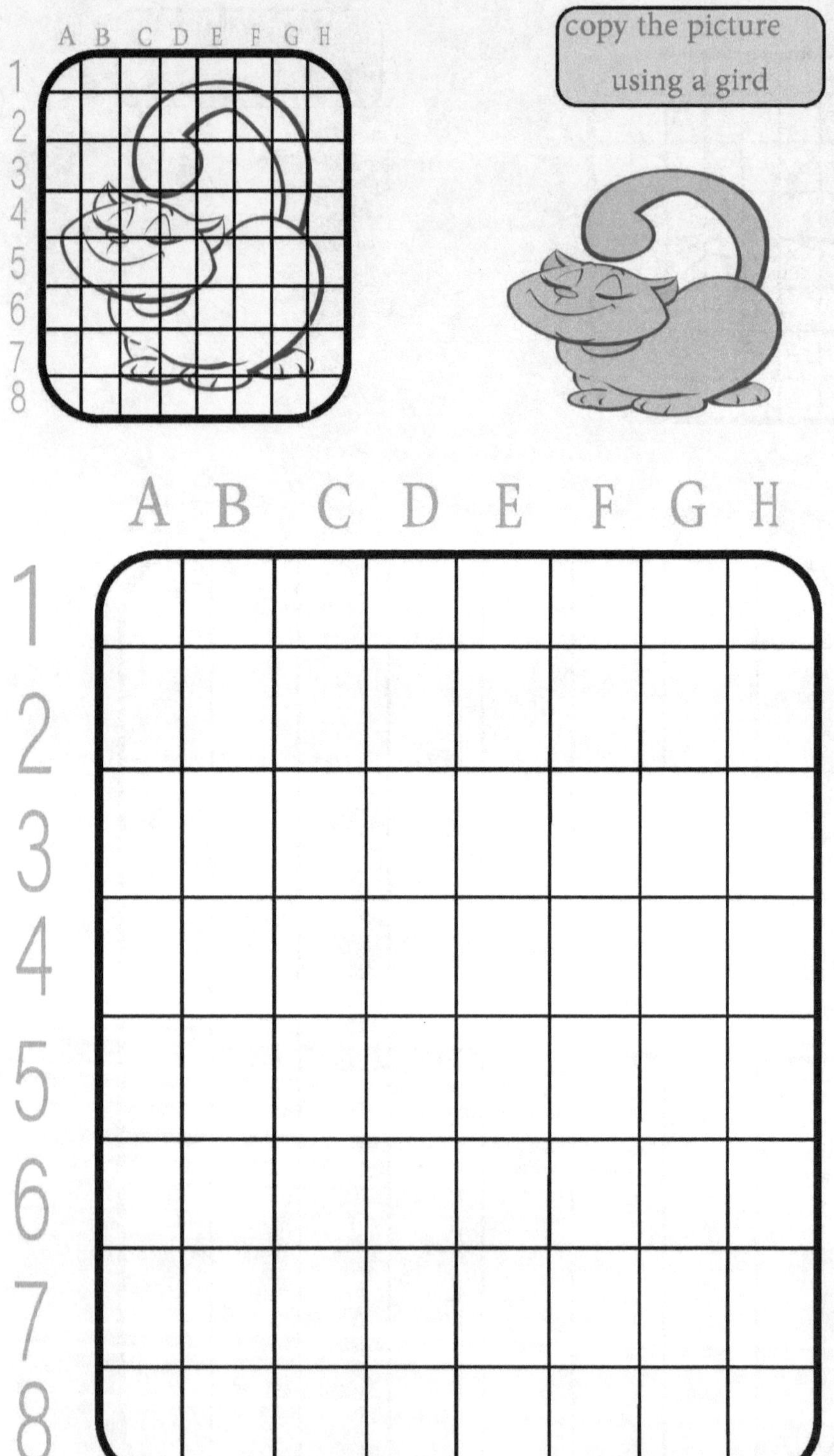

copy the picture
using a gird

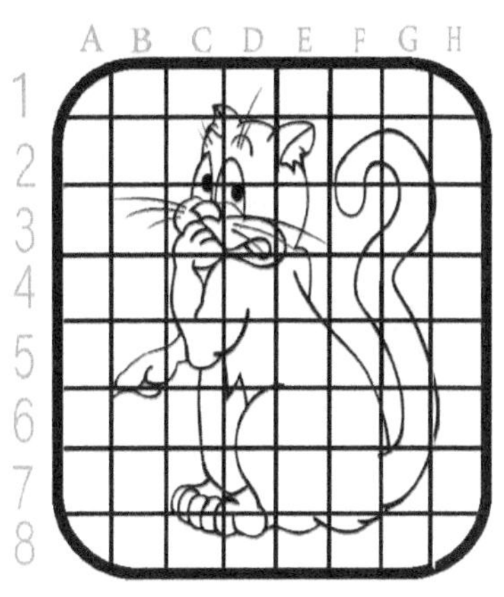

A B C D E F G H

1
2
3
4
5
6
7
8

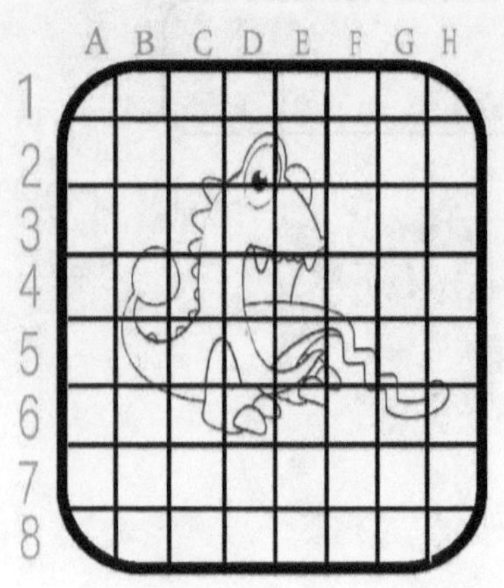

A B C D E F G H

1
2
3
4
5
6
7
8

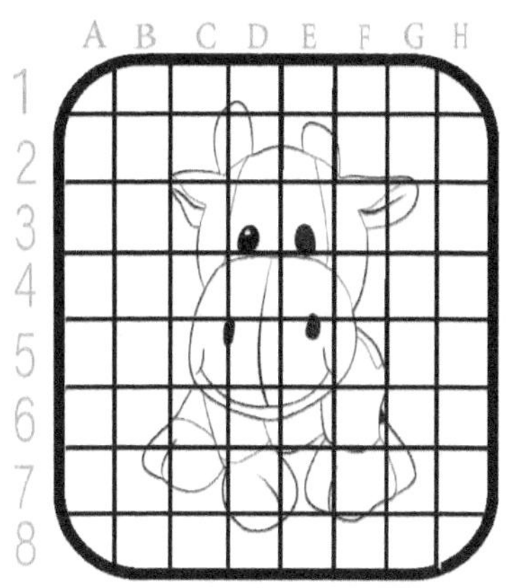

copy the picture
using a gird

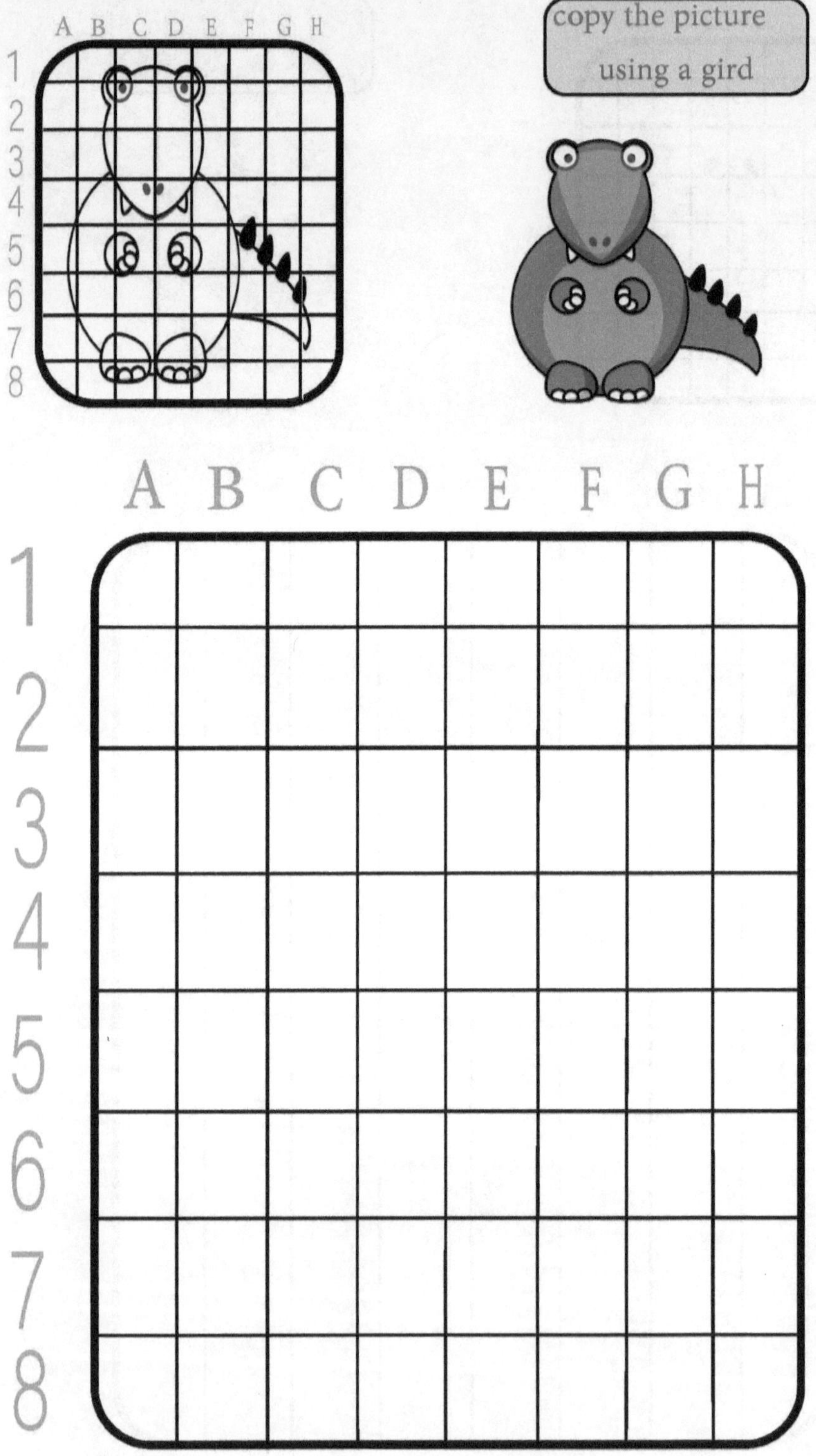

copy the picture
using a gird
A B C D E F G H
1 2 3 4 5 6 7 8

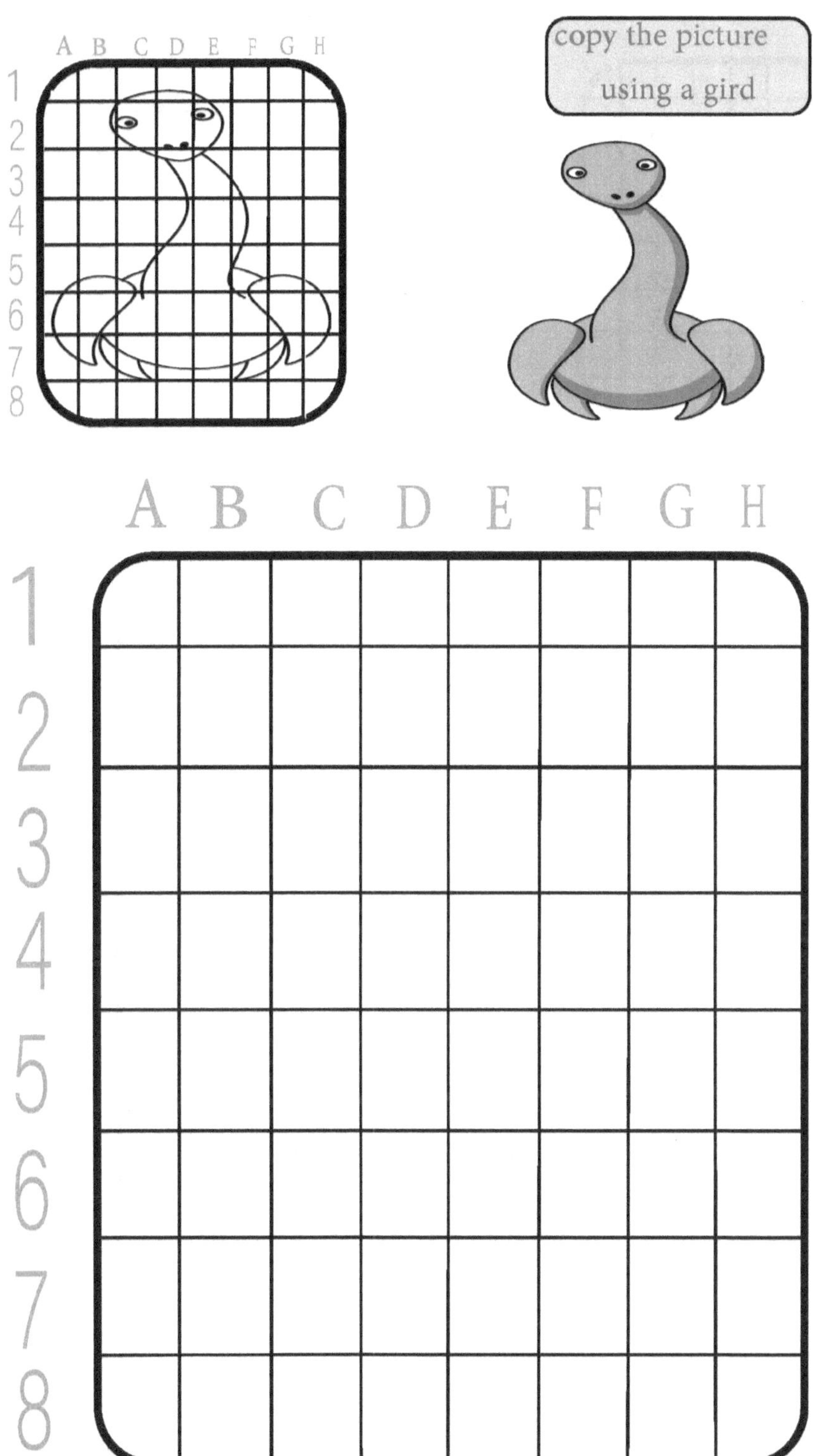

A B C D E F G H
copy the picture
using a gird
A B C D E F G H

copy the picture
using a gird
A B C D E F G H
A B C D E F G H

copy the picture
using a gird

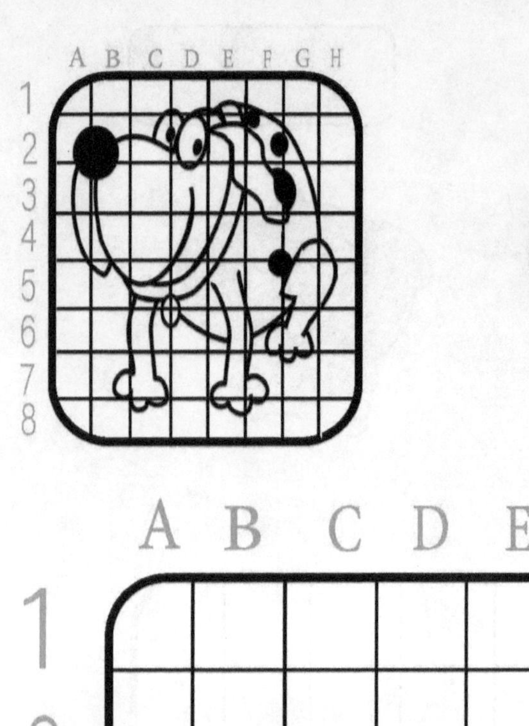

A B C D E F G H

1
2
3
4
5
6
7
8

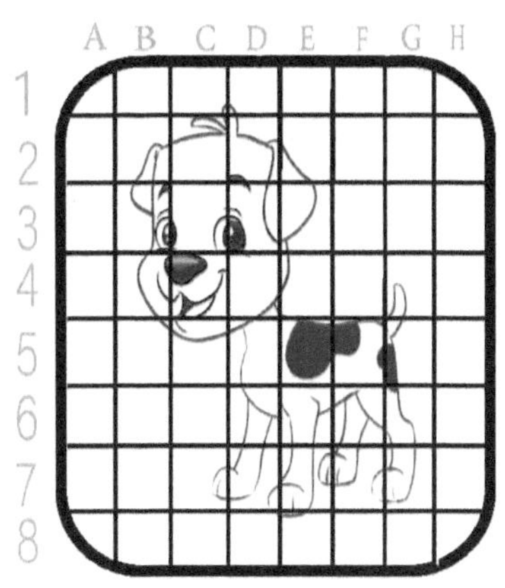

copy the picture
using a gird

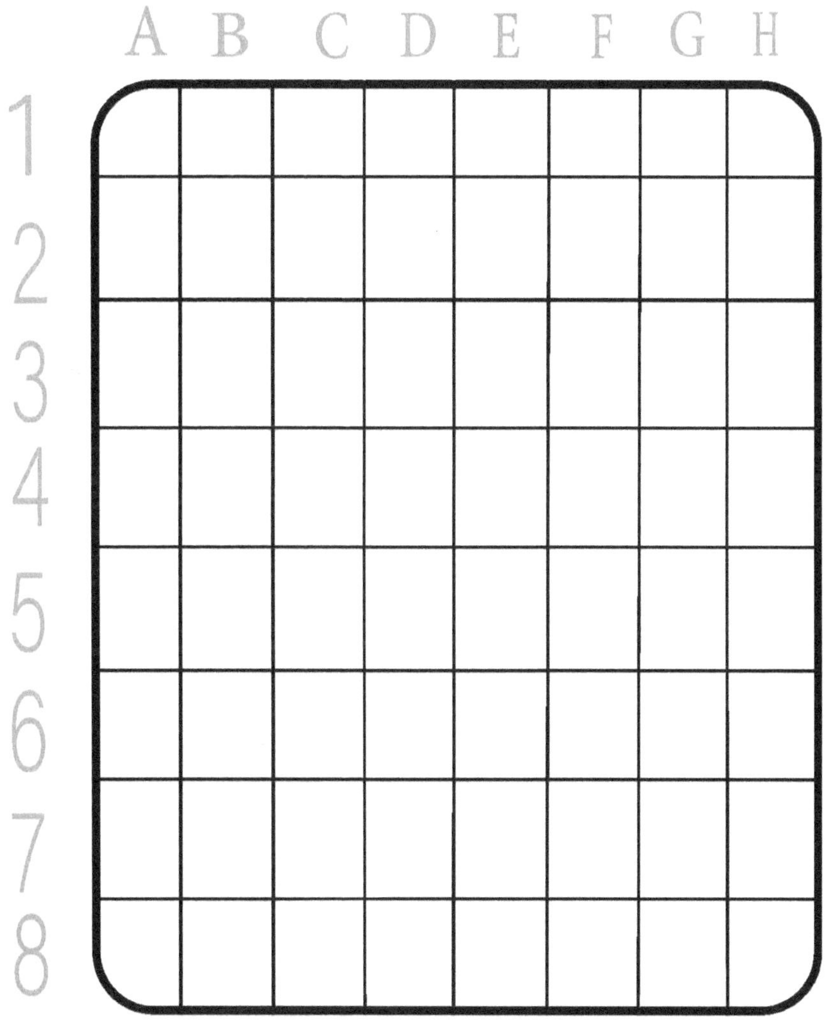

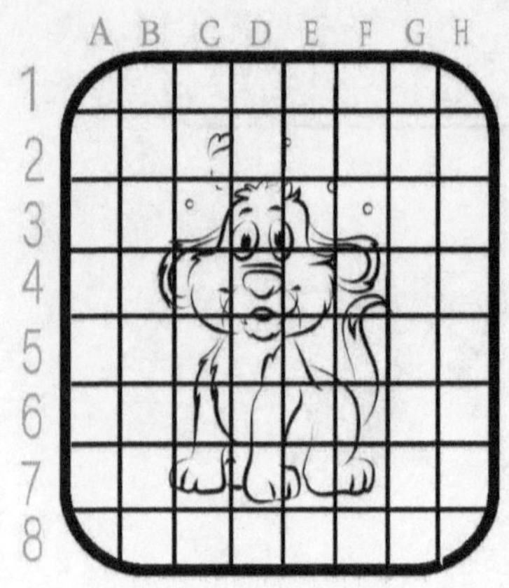

copy the picture

using a gird

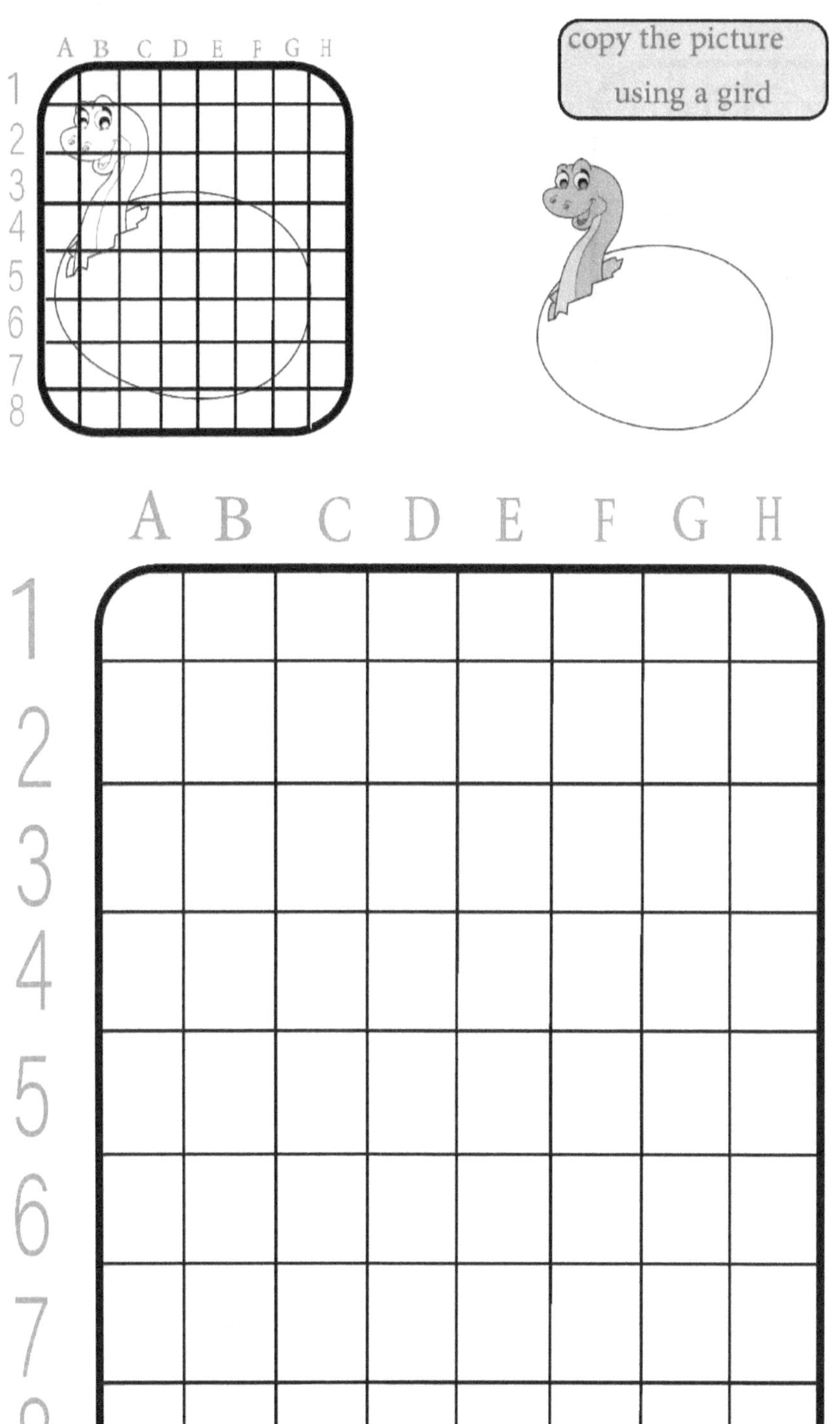

copy the picture
using a gird

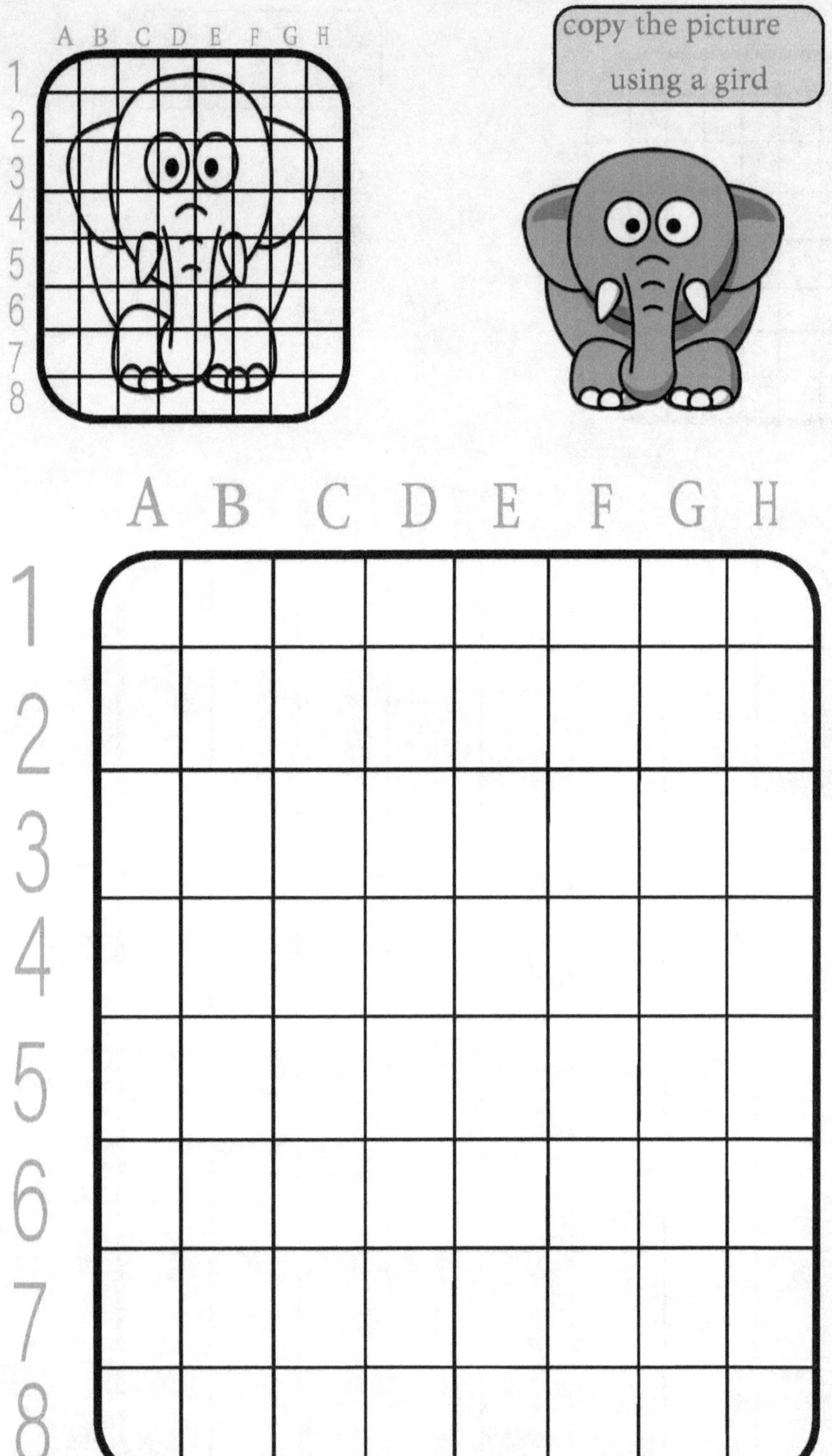

copy the picture
using a gird
A B C D E F G H
1 2 3 4 5 6 7 8
A B C D E F G H
1 2 3 4 5 6 7 8

copy the picture
using a gird

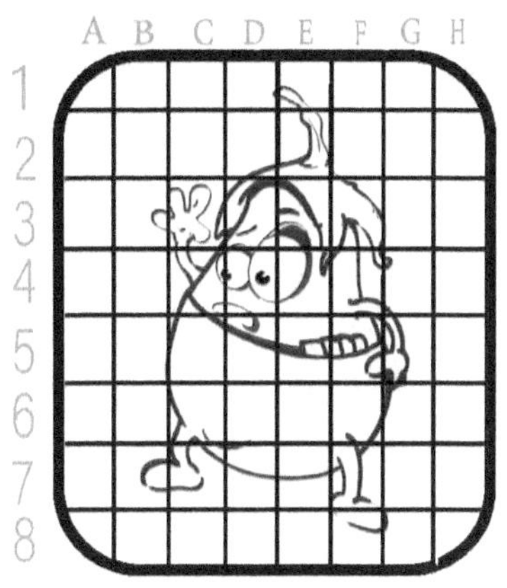

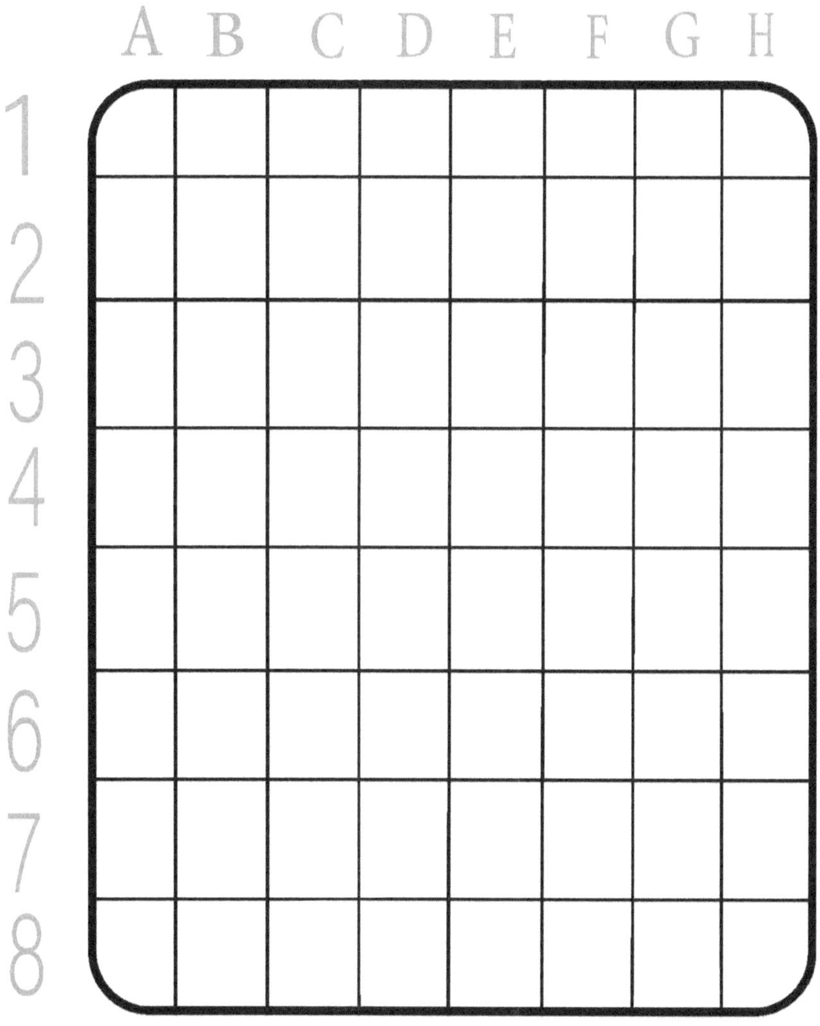

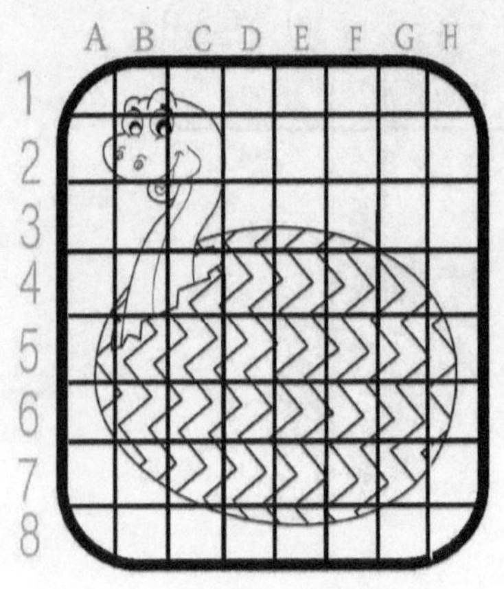

A B C D E F G H

copy the picture
using a gird

copy the picture
using a gird

A B C D E F G H

1
2
3
4
5
6
7
8

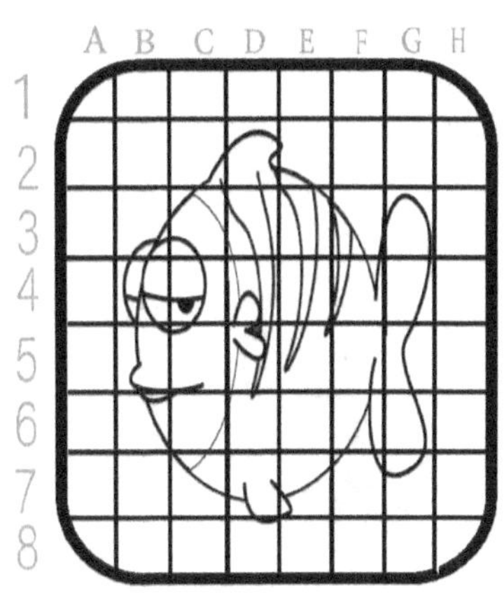

copy the picture
using a gird

A B C D E F G H

1 2 3 4 5 6 7 8

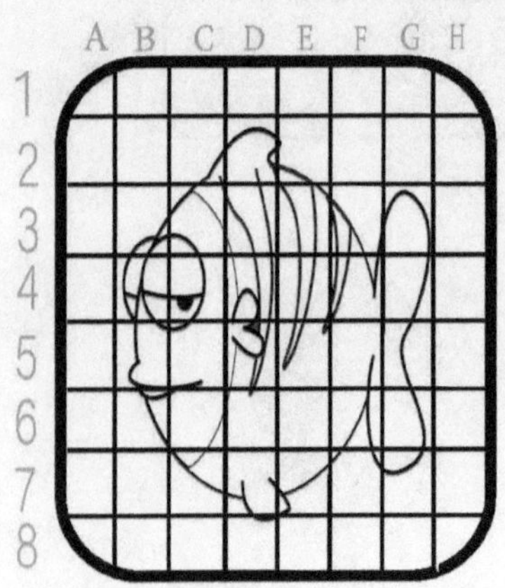

copy the picture
using a gird

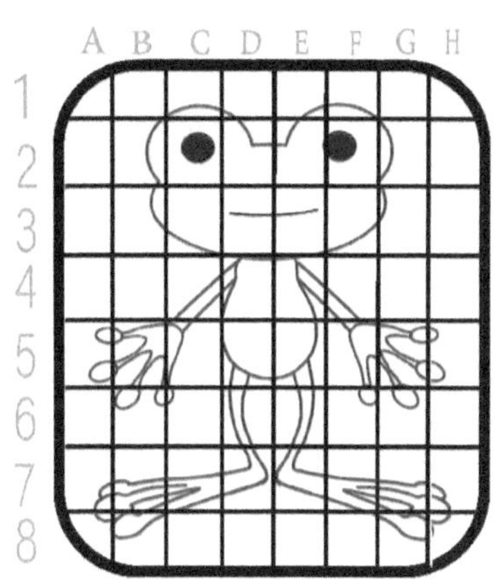

A B C D E F G H

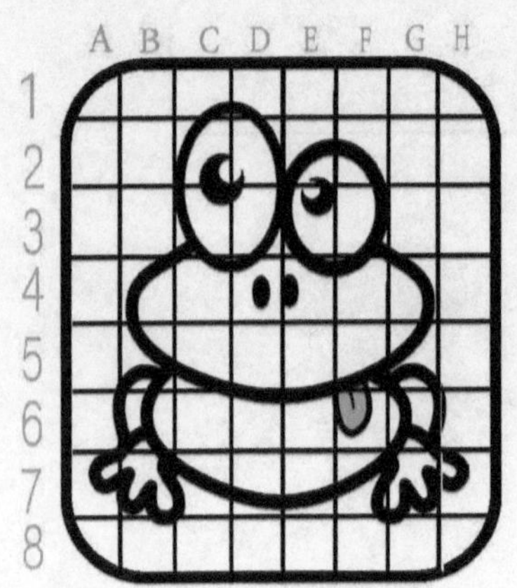

copy the picture
using a gird

A B C D E F G H

1
2
3
4
5
6
7
8

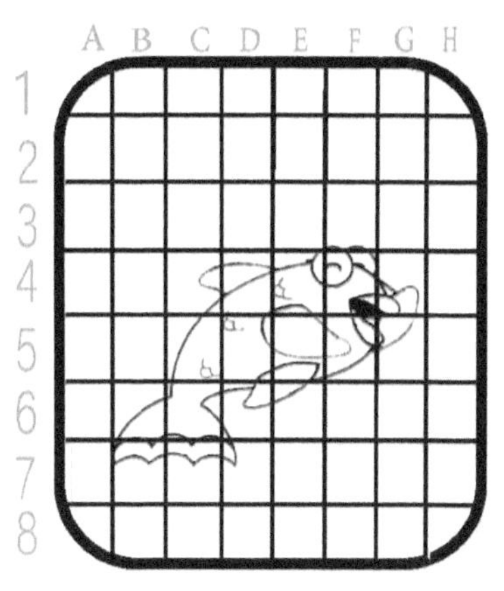

copy the picture
using a gird

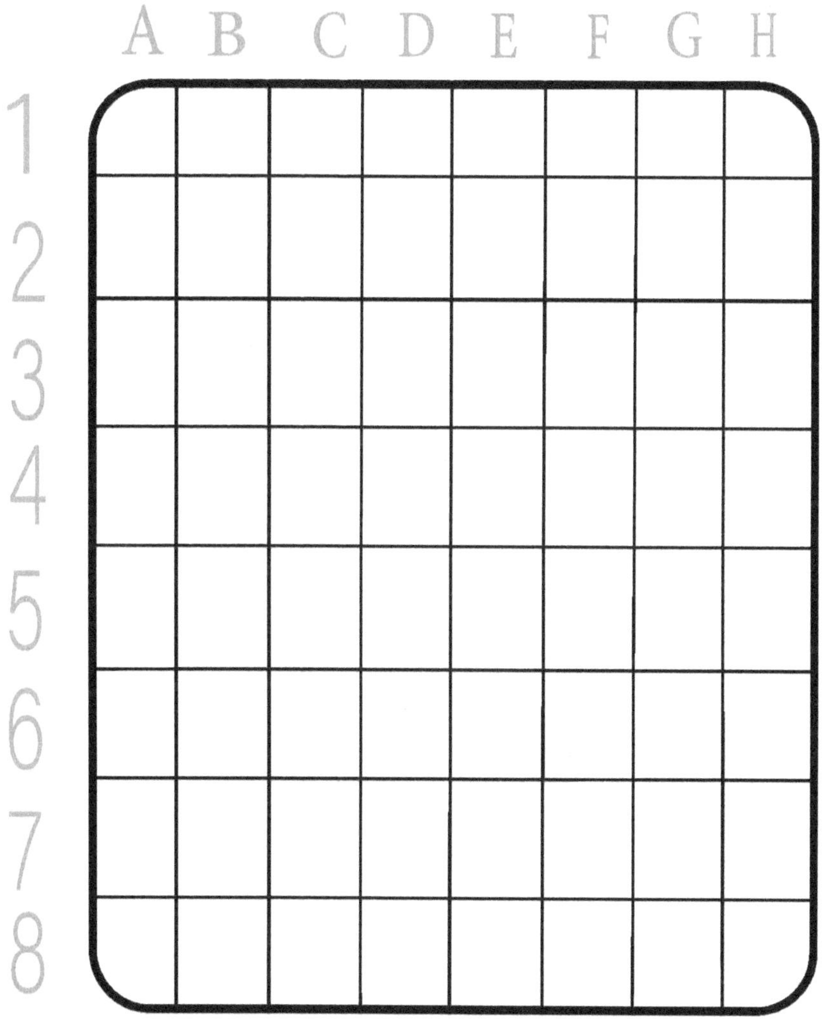

copy the picture
using a gird

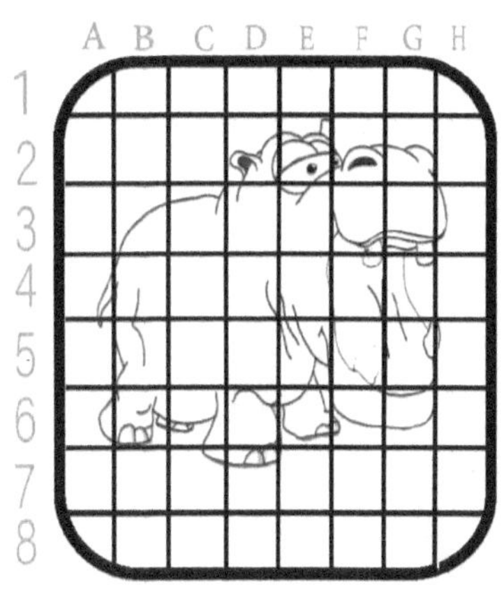

A B C D E F G H
1 2 3 4 5 6 7 8

copy the picture
using a gird

A B C D E F G H
1 2 3 4 5 6 7 8

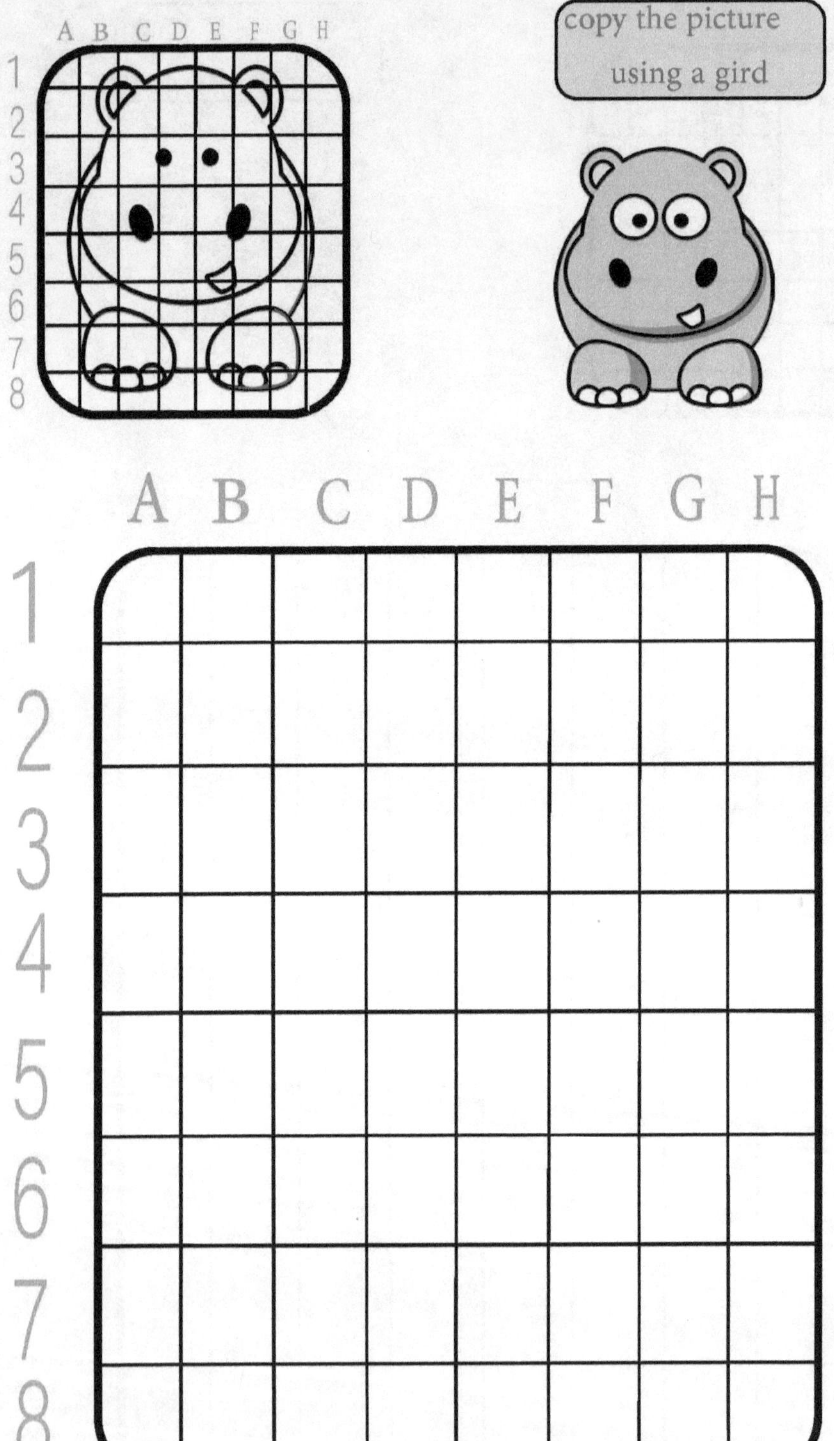

A B C D E F G H
1 2 3 4 5 6 7 8
copy the picture
using a gird
A B C D E F G H
1 2 3 4 5 6 7 8

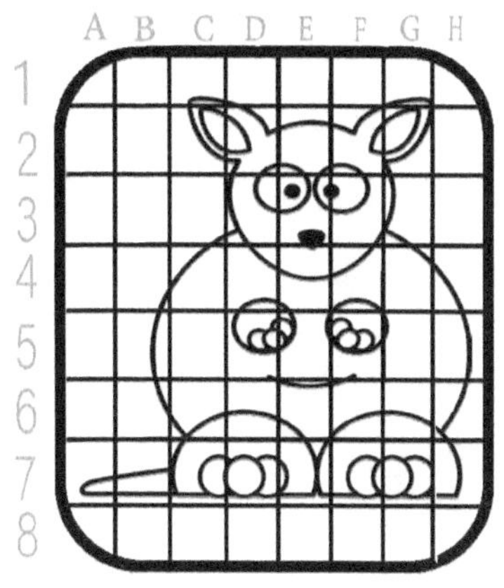

copy the picture
using a gird

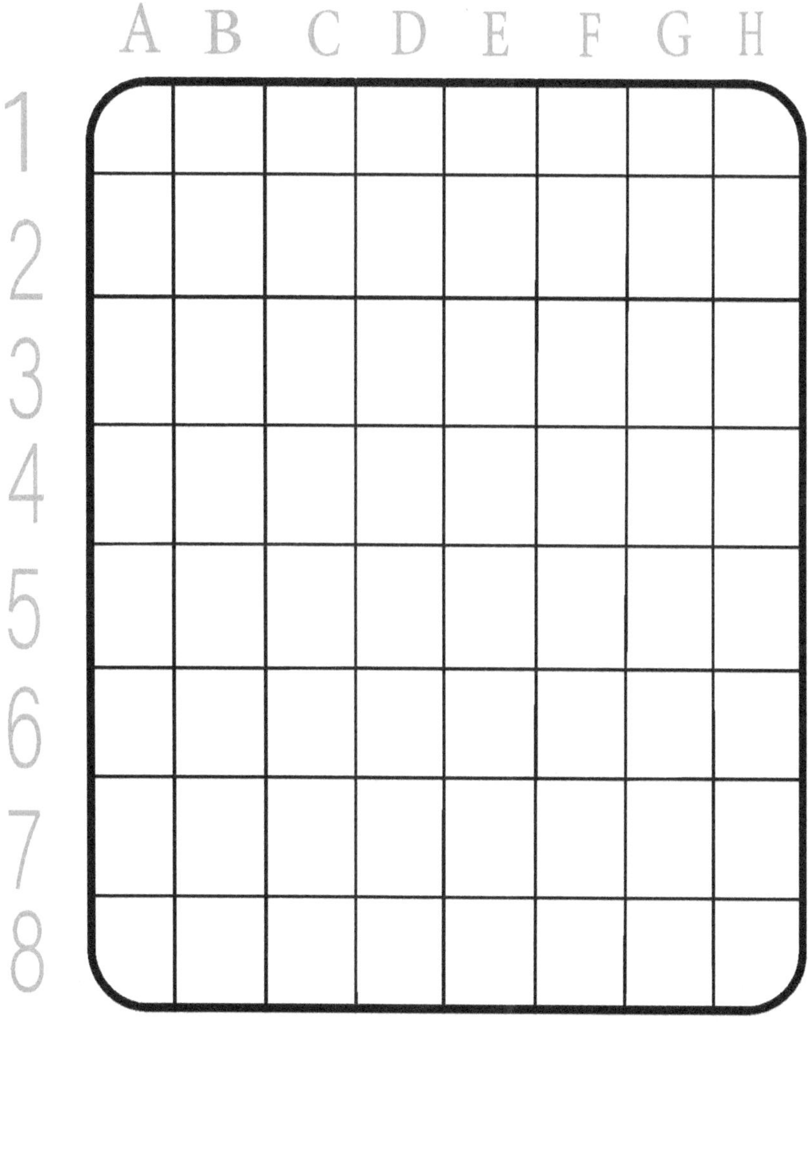

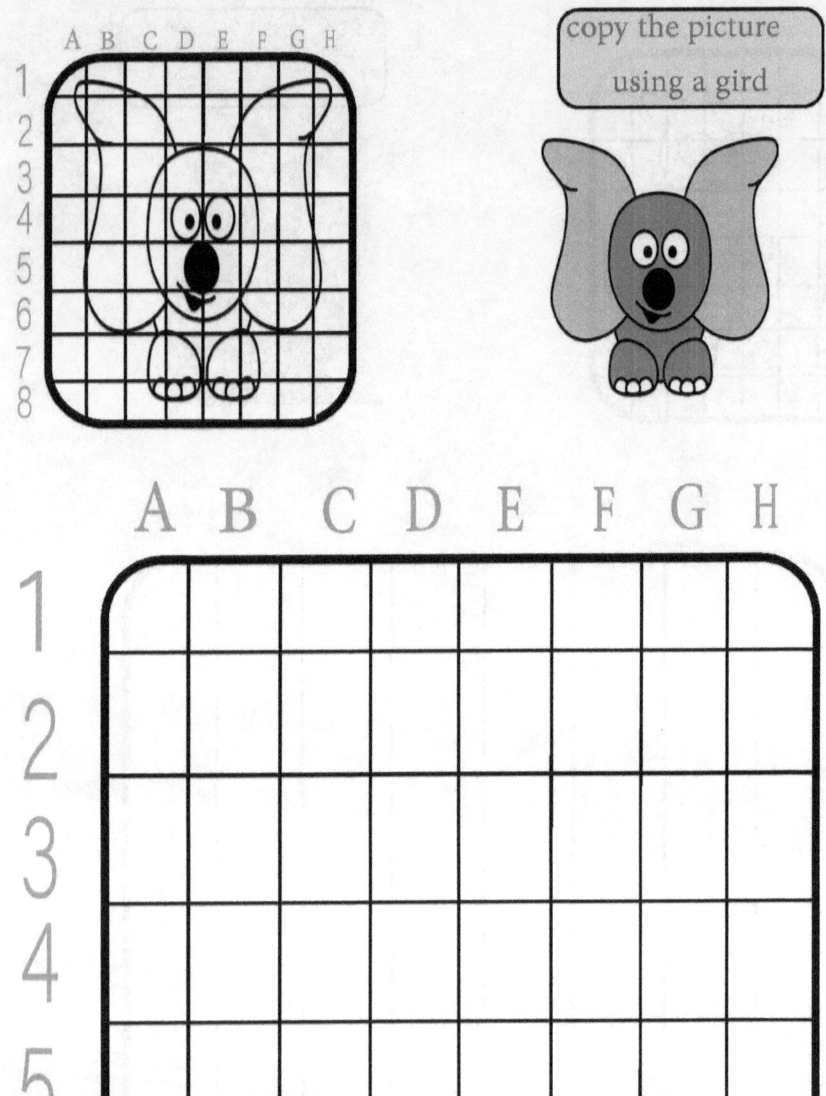

copy the picture
using a gird
A B C D E F G H
1 2 3 4 5 6 7 8
A B C D E F G H
1 2 3 4 5 6 7 8

A B C D E F G H

1
2
3
4
5
6
7
8

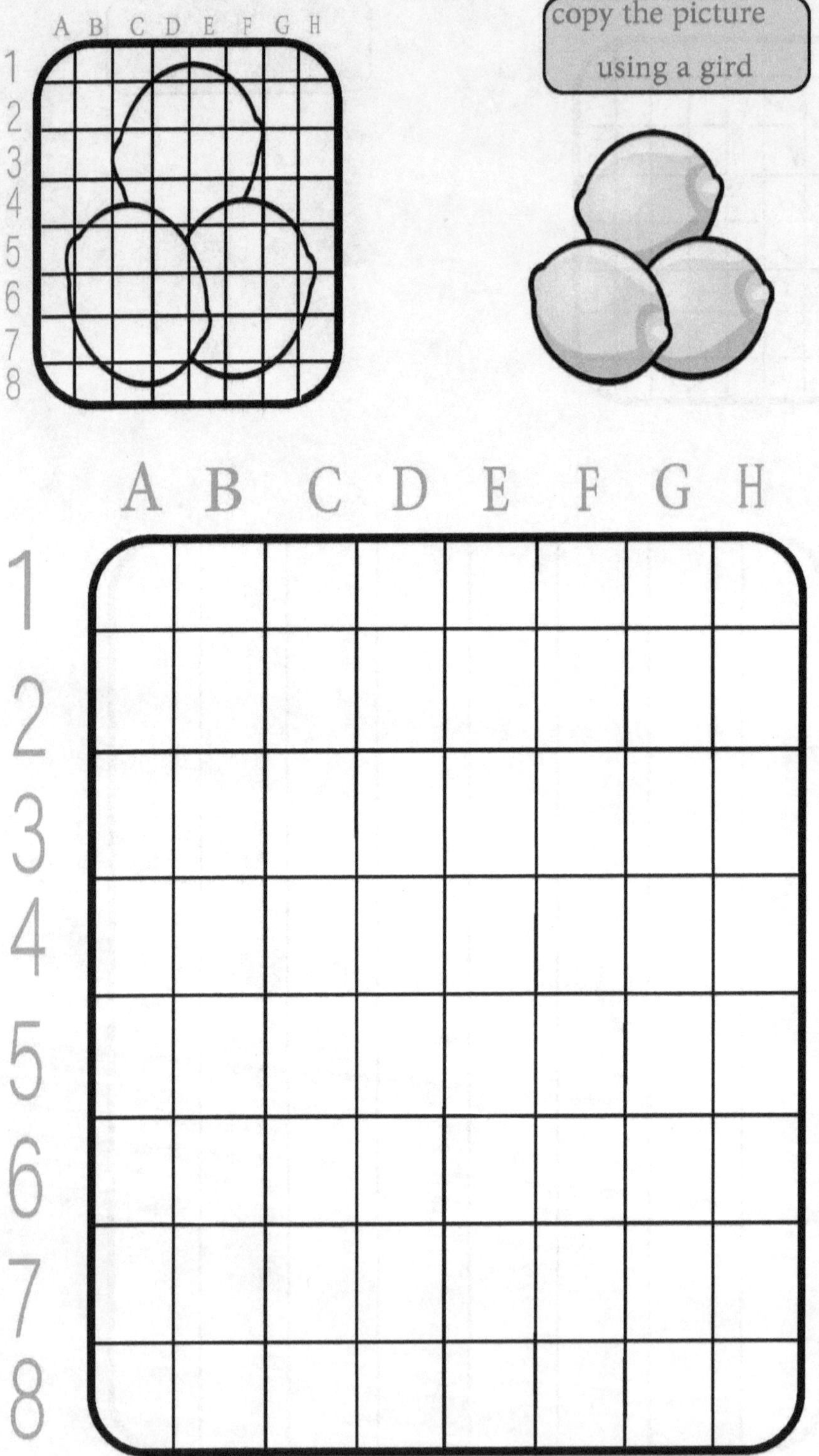

A B C D E F G H
copy the picture
using a gird
A B C D E F G H
1 2 3 4 5 6 7 8
1 2 3 4 5 6 7 8

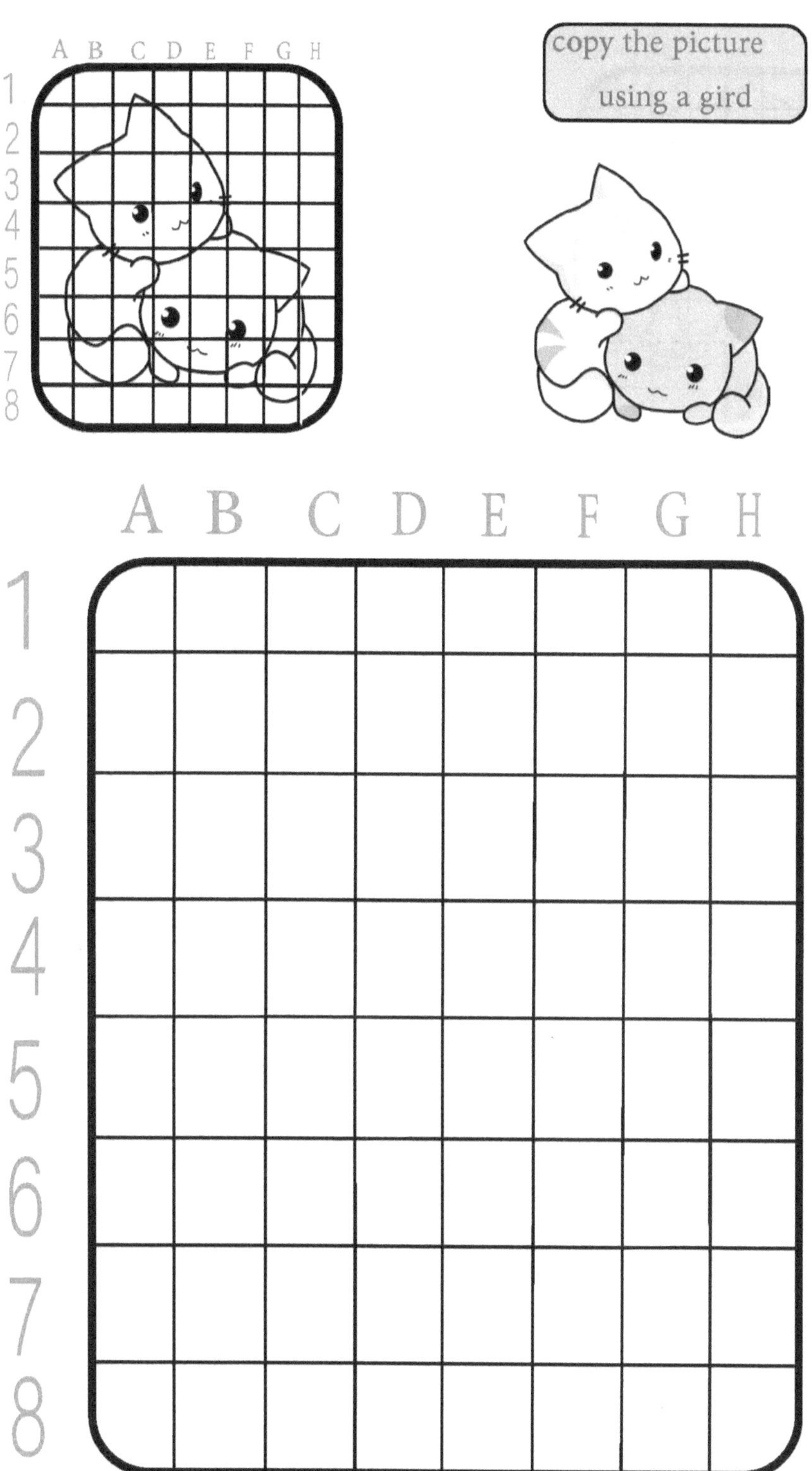
copy the picture
using a gird

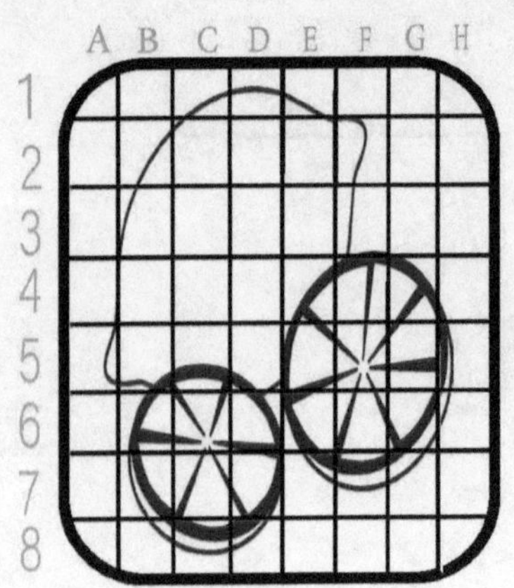

A B C D E F G H

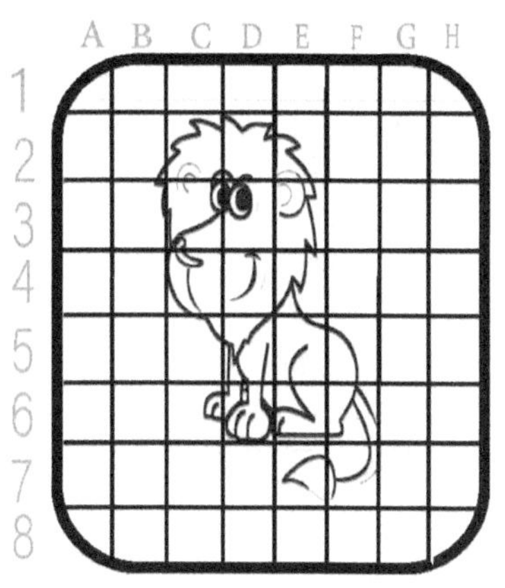

A B C D E F G H

1
2
3
4
5
6
7
8

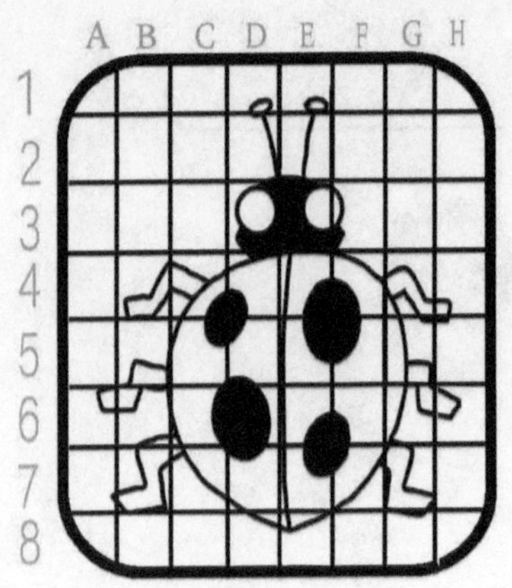

A B C D E F G H

1
2
3
4
5
6
7
8

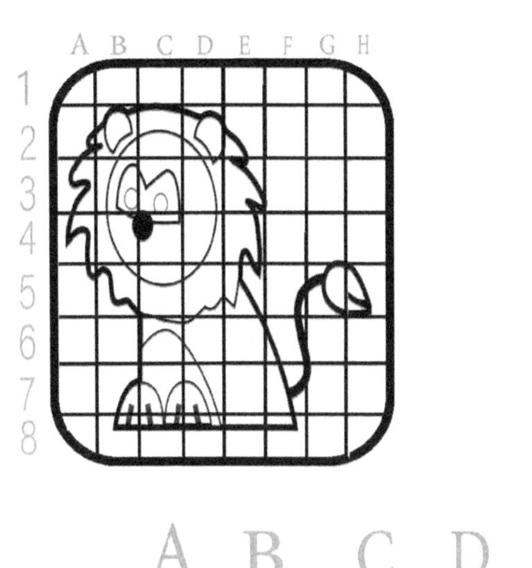

A B C D E F G H

1
2
3
4
5
6
7
8

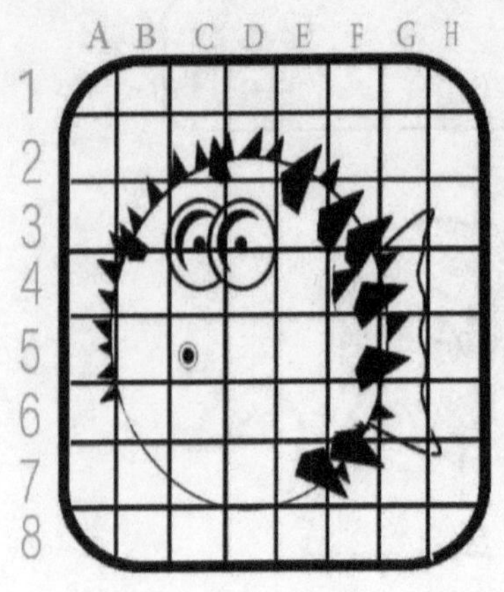

A B C D E F G H

* 9 7 9 8 6 4 5 9 9 8 7 1 4 *